Q版FB歷史

魏晉其實很撩人

…丁振宇 著

前言

微歷史也即是用「微博體」和Facebook的形式來記錄歷史。微博和Facebook的特點是短小、及時，適於傳播，近年來，微博和Facebook成爲國內一種最便捷的交流方式，對於記錄歷史來講，它同樣也是一個好工具。

因爲當今社會生存競爭激烈、生活節奏奇快，人們沒有時間、沒有精力、也沒有耐心靜下心來閱讀冗長繁雜的歷史巨著來獲取知識，因而造成當下人們，尤其是年輕一代人歷史知識欠缺匱乏的窘況。

而微歷史的出現，除了「微時代」大環境的推動之外，更是民眾自身的一種訴求。因爲它將微博體與歷史事實進行了有機的結合，在有限的字數裏，以精當的內容濃縮精華，言簡意賅、字字珠璣，的確爲廣大讀者提供了一種新的解讀歷史的可能性。無須非常集中的閱讀時間和持久專注，無需專門的歷史或理論素養，茶餘飯後，公車上，花費五分鐘翻閱一下，就會有良多收穫。

魏晉南北朝是一個莫名其妙的時代。在這個時代裏，中華文明得到了重組。天下大勢，合久必分，分久必合。東漢經過桓、靈二帝的亂搞，已經搖搖欲墜，再經過大家熟悉的三國時代的醞釀，終於，這個奇怪的時代誕生了。由於三國英雄們歲數都差不多，所以基本上是一起掛掉的。在他們死後，整個時代突然沒有了英雄，感到生命不能承受之輕，就像恐龍滅絕以後，各種被壓抑很久的生物紛紛出現一樣，那些之前被英雄光環掩蓋的各種蠅營狗苟之流也都出現了，出現了第一次少數民族屠戮中原的慘劇，也出現了各種各樣的草頭天子，亂！亂！亂！無盡的貪婪與屠殺將中華大地推入了一個非常黑暗的時代。

相反的是，在這個黑暗的時代，各種文化卻空前爆發，出現了許多我們或者熟悉或者陌生的名字，他們都影響了整個中華文明的命運，比如山水詩的鼻祖謝靈運、《後漢書》的作者范曄、畫家顧愷之、大書法家王羲之、發明火藥的化學家葛洪、數學家祖沖之、地理學家酈道元等等，燦若繁星般點綴著黑暗的天空，永遠地被記錄在我們中華歷史上。

魏晉南北朝過於紛亂，卻又亂成了一本歷史的巨著。正是由於這「你方唱罷我登場」，才使中華民族在歷史的大浪淘沙中得以重組，才使後來隋、唐、宋、元、明、清、民國的一統華夏成爲可能。因爲這個紛亂的時代促進了各民族的融合，促進了文化的交流和統一。大好河山就此得以重組。更重要的是，魏晉南北朝紛繁的國家興亡、戰爭等等一切，造就了後世燦爛的中華文化，使華夏文明在神州大地上茁壯成長。

本書以「微」顯「著」，短短百餘字，卻蘊含了一段段歷史。奇聞軼事、露骨風情、市井平民……那樣的年代，那樣一群人，有血有肉。圍繞著他們的一件件鮮爲人知的傳奇軼事，通過本書在歷史零散與完整的記憶中生動再現。語言風趣，引人入勝，完全依據史實，絕非八卦胡謅、無中生有。你可以在茶餘飯後，公車上花費幾分鐘時間，就能感受那亂世清風的吹拂，對歷史有一個快樂而真實的瞭解。好了，閒言少敘，就讓這齣戲開鑼吧。

Q版的歷史

魏晉其實很撩人

目錄
CONTENTS

第一章

河山重組

三分歸西晉

第一章 河山重組

三分歸西晉

對於這個歷史時期的名稱，最爲大家熟知的就是「魏晉南北朝」。此外，還有人稱「六朝」，也有人叫「兩晉南北朝」，當然還有人乾脆就叫「五胡十六國」，總之叫法很多，僅從朝代名稱上就知道「亂」字有多貼切了。

兩晉南北朝之亂，在很大程度上，還和記錄這段歷史史料的紛繁雜蕪有關係。這個時期，私人修史十分活躍，換句話說，就是這個時期比較重視人權，言論比較自由，人們也都愛好寫作。都說亂世出作家嘛，結果，出了那麼多寫歷史的人，朝代也被他們寫亂了。國亂史也亂，史亂國更亂！

晉朝，是一個開瓶器，本以爲能夠開啓這段歷史，品嘗到美酒的甘洌，不料卻是打開了潘朵拉魔盒，從此，骨肉相殘，朝局紊亂，人民飽受摧殘，兵戈相接不歇，中原板蕩，重墮分裂，兵來馬往，殺戮循環，生靈塗炭。只是，凡事都有兩面，這樣的亂局，也促進了社會的大發展。

魏晉風度，聽上去似乎很令人嚮往——竹林七賢，劉伶醉酒，阮籍傲歌，嵇康撫琴，王衍清淡，名士風流，人物俊爽。西晉司馬氏俘孫皓三分歸一統，結束了自董卓之亂長達九十一年的分裂。但是，晉武帝選了個白癡兒子晉惠帝襲位，任由皇后賈南風亂政，骨肉相殘，朝局紊亂，很快就導致了血雨腥風的「八王之亂」。

晉朝司馬氏能夠成爲老大，也不是正道來的，司馬懿老傢伙裝病、裝傻、裝老年

癡呆，趁機幹掉曹魏宗室曹爽，從彼時起，祖孫三代一直把持國權。「司馬昭之心，路人皆知矣」。

魏元帝咸熙二年底（二六五），司馬炎在老爸死後不久就篡位，建立晉朝，史稱西晉。

英雄總會末路。魏朝末年，扶不起的劉阿斗因爲老英雄們都升入天堂，只能在鄧艾奇兵壓境下攜城投降。晉武帝太康元年（二八〇），降孫皓三分歸一統，晉朝終於正式併購了漢末三個大公司。「世無英雄，遂使豎子成名矣」。晉武帝也是走狗屎運，該趕上的都讓他趕上了。

食色性也！平常人都說秀色可餐，那皇帝好色，更非什麼大不了的罪惡。但一萬多個老婆、小三、小四、小五、小六的，確也顯示出這位皇帝的「色勁」太過了。而司馬炎畢竟是俗人一個，缺乏帝王應有的深思熟慮和「萬世帝基」的遠圖，這等豔福，他承受不住啊！所以，此盛極而衰之徵已露端倪。

太子司馬衷生下來就傻乎乎的，而精明的晉武帝司馬炎竟然選中了司馬衷做晉惠帝。司馬炎深知太子司馬衷腦子有些問題，想換個兒子繼統。但他耳朵軟，經皇后一勸，換太子的想法就愈加淡薄。而太子妃賈南風入宮後，擅於心計，更在關鍵時刻幫

第一章 河山重組

三分歸西晉

13

了傻太子的大忙。

皇太子司馬衷大婚，晉武帝很想爲兒子迎娶白富美的衛瓘之女。但楊皇后與權臣賈充的老婆郭氏關係很好，又私受了郭氏不少珍寶，就在皇帝老公面前盛稱郭氏之女賈南風。耳軟的晉武帝把短肥黑醜的大胖丫頭迎進宮內，與太子司馬衷配對。這位「貌陋而心險」的婆娘，成爲日後斷送西晉王朝的最大一顆定時炸彈。

齊王司馬攸本是晉武帝司馬炎的弟弟，兩人同父同母，本屬血脈最濃的至親。當初，老奸雄司馬懿死後，其長子司馬師仍舊把持魏朝大權，以撫軍大將軍「輔政」。司馬師的親弟司馬昭見兄長沒有兒子，便把自己的二兒子司馬攸過繼給兄長爲子。晉朝受禪後，追封司馬師爲景帝。

司馬師的弟弟司馬昭可是個大名人，他絕非善類，「司馬昭之心，路人皆知矣！」沒有聽從魏朝命其坐鎮許昌的詔命，忽然間自率大軍回師洛陽，完全控制了魏朝的軍政大權。司馬昭在魏朝獲封晉王，多次想把二兒子司馬攸立爲世子。但因爲司馬炎畢竟是自己的嫡長子，所以最終仍沒有下定決心。

司馬昭臨死，掙扎著向司馬炎、司馬攸兄弟講解漢朝淮南王、魏朝陳思王（曹植）與當兄長的皇帝之間不相容的故事，勸誡二人友愛相扶。王太后臨死，也流著淚對司馬炎說：「桃符（司馬攸小名）性急，而你這位當哥哥的也不慈愛，如果我死

了，恐怕你們兄弟必不相容。希望你能友愛自己的弟弟，勿忘我言。」

晉武帝身邊的狗腿子害怕武帝死後司馬攸繼統，會對自己身家地位不利，便乘機挑撥離間，司馬攸又氣又急，病勢加劇。齊王終於支持不住，吐血而亡，年僅三十六歲。晉武帝接知皇弟死訊，才明悟身邊的人一直在坑爹，於是也悲慟不已，可是，黃花菜都已經涼了。

人總是貪心不足的，連皇帝的老岳父也不例外。楊皇后的父親侍中楊駿，趁晉武帝病危彌留之際大過了一把皇帝癮，大行封賞，濫加爵級，以博求美譽令名。但楊駿好謀無斷，外剛內怯，死狗扶不上牆。他爲了大權獨攬，就扶傻孩子太子司馬衷即皇帝位，改元永熙，尊楊皇后爲皇太后，立賈妃爲皇后。

自家的事，讓別人管著，一般的重大詔命，走個形式畫個押，入呈楊太后和楊駿後，才下詔施行。皇帝是個傻孩子，倒也無所謂，但是，皇后賈南風可是有理想有抱負有心腸有手段的有志青年，於是，她心情很是不爽。

從來只聽說「朱門酒肉臭，路有凍死骨」，還真沒聽說過要風得風要雨得雨的皇太后會被餓死，天下奇聞哪！可現實是殘酷的，這種事情就真真實實發生在晉武帝的老婆楊皇后身上。晉惠帝的老婆當著這位「婆婆」的面殺掉楊駿後，又把楊太后幽禁，斷絕飲食，活活餓死了這位風華絕代的美人。

一直為楊駿所排斥的汝南王司馬亮、楚王司馬瑋以及東安王（因功升級）司馬繇都入朝掌握大權，太保衛瓘也被任命為錄尚書事。皇后賈南風的族兄賈模、堂舅郭彰以及外甥賈謐也都雞犬升天，入朝輔政。

賈南風終於拿到了「印把子」，又因衛瓘在晉武帝面前說司馬衷不能繼統而心懷怨恨，加上汝南王司馬亮與衛瓘德高名重，自己不得專擅朝政，心裏早就癢癢得想除掉二人。於是，借楚王司馬瑋一狀告准，賈后便讓惠帝下詔大兵圍府，斬殺了汝南王司馬亮與衛瓘，終於出了自己一口怨氣。

衛瓘之孫衛玠是中國歷史上與潘岳齊名的美男子，並且待人寬恕，有君子之風，平生不見喜慍之色。由於名聲太大，人長得太美，「京師人士聞其姿容，觀者如堵。玠勞疾遂甚，永嘉六年卒，時年二十七，時人謂玠被看殺」。這就是「看殺衛玠」典故的由來。

楚王司馬瑋真是個善良的好青年。因為剛剛殺掉汝南王司馬亮和太保衛瓘，所以親信歧盛勸他趁機進宮除掉心狠手辣的晉惠帝老婆賈南風時，言道：「應因此兵勢，進宮誅除賈后等人，以安天下。」但這小夥子扭扭捏捏不給力，怎麼都不好意思再動手。

賈南風可真不是善主！心夠黑，臉夠厚，但她也有一個突出的優點，那就是善於聽從別人的意見。當有人勸她借機剷除異己楚王司馬瑋時，立刻讓傻子皇帝草詔。張華乘機入朝，派殿中將軍王宮高舉騶虞幡出殿解兵，於是楚王司馬瑋頓成光杆司令，周圍一人不剩，武藝再強，也只能束手就擒。

在晉朝「八王之亂」中，汝南王司馬亮和楚王司馬瑋中了頭獎——是八王中首先被幹掉的。皇后賈南風大權在握，終於可以高枕無憂了。她開始提拔親戚朋友，一人得道雞犬升天嘛！

兩晉南北朝的亂象，不僅體現在朝代的更迭和世事的繁雜上，就連名人們也那麼讓人難以理解。魏晉交迭之際，阮籍、嵇康等人爲了逃避政治殺戮，醉酒佯狂，瘋瘋癲癲，還情有可原。晉武帝中後期，政局穩定，四邊無大征伐，本來正是勵精圖治之時，這些朝廷精英們卻一反常態，個個變成了大哲學家和大詩人。

皇后賈南風難改荒淫放恣，她常借看病爲名，與太醫令程據搞在一起。而後還覺得不過癮，天天派人從宮外哄取美少年小狼狗入宮，敗火過後，常常是殺人滅口，把這些「藥渣」統統做掉。有個小吏床上功夫好，人又美貌溫存，深得賈南風喜愛，故而留其一命。

世人皆醉，卻也有人獨醒。太子洗馬江統見遷居關中的匈奴等少數民族時有紛亂，便上《徙戎論》，以警朝廷。他旁徵博引，洋洋灑灑，一語中的。但江統論上，朝廷不用。不到十年，江統的憂慮皆成現實。匈奴、鮮卑、羯、氐、羌，紛紛殺入中原，大地板蕩，黎民塗炭，一發不可收拾。

皇太子司馬遹，字熙祖，爲晉惠帝長子（也可能是武帝司馬炎之子）。自小就聰明得不得了。一次皇宮內半夜失火，晉武帝登樓觀望，司馬遹當時才五歲，在一旁牽武帝的衣帶把他拉入暗影之中。晉武帝覺得很好奇，問小孩子爲什麼這樣做，司馬遹說：「暮夜倉猝，應嚴加提防，不應該讓旁人看見皇帝在光亮中。」

陰險惡毒的皇后賈南風一直很忌諱素有令名、又非自己親生的皇太子司馬遹，密遣身邊太監不時去慫恿太子「極意所欲」。太子老師杜錫也不時諫勸太子修德進善，司馬遹又怒又不耐煩，讓人把大針藏在杜錫的坐墊中，刺得老先生鮮血淋漓。

果然最毒婦人心。晉惠帝元康九年（二九九）十二月，經過長久謀劃，賈后終於下定廢殺太子的決心。賈后先上表請廢太子爲庶人，又自作皇帝詔書「許之」。然後賈后派人持詔書於東宮，廢太子司馬遹爲庶人，把他及其三個幼小的兒子皆軟禁於金墉城，並下詔殺掉太子生母謝妃以及太子側妃蔣俊。

惠帝永康元年（三〇〇）五月的一天，趙王司馬倫、孫秀等率大隊禁軍夜入皇宮，派惠帝的堂兄弟齊王司馬冏衝入內宮，把傻皇帝架出來，拿他充當必不可少的

「道具」。先下詔召來賈謐殺之，然後齊王司馬冏衝奔到賈南風家，一腳踹賈后一個大馬趴。賈后被廢爲庶人，幽禁於建始殿。後被毒死。

惠帝的兄弟淮南王司馬允逐漸知悉趙王司馬倫有篡逆之志，便稱疾不朝，密養死士，暗中準備趁機誅除趙王和孫秀。圍攻司馬倫的相府時，幸虧司馬倫秘書挺身遮蔽，否則這老王爺肯定變成刺蝟。只是人算不如天算，陳准派出的執舉白虎幡的司馬都護伏胤是個牆頭草，貪得富貴，斬殺了司馬允。

後人說起石崇，想的都是他和貴戚王愷、羊琇競相鬥富的故事，想當然以爲他是個貪鄙暴富的粗陋之人，如此則大謬。石崇之父石苞（字仲容）有六個兒子，石崇最小。石司徒臨終時，把家財均分給五個兒子，唯獨不分財給石崇，石苞妻問老公這樣做的原因，石苞說：「此兒雖小，後自能得。」

孫秀勢焰熏天時，聽說石崇有一位名叫綠珠的美人，就派人去索要。石崇勃然大怒：「綠珠吾所愛，不可得也。」孫秀使者再三勸說，石崇堅稱不可。孫秀大怒，正在推審淮南王「造反」案，順便就把石崇的名字列入逆黨之中。全副武裝的兵士前往逮捕石崇時，綠珠爲保全石崇，越梯而下，跳樓自殺。

淫后賈南風之廢，晉武帝的親侄齊王司馬冏（其父司馬攸是司馬炎弟弟，差點被司馬昭立為世子。）居功不小，但事後敘功，只得了個游擊將軍。「（司馬）冏以位不滿意，有恨色」。孫秀覺察到這位王爺怏怏不快，又怕他在京城內會生出什麼事端，就一紙詔書把他外調，坐鎮許昌。

爲了繼續抬高趙王司馬倫的威望，加緊篡逆步伐，孫秀又在朝議上提出爲司馬倫加九錫（只要人臣加九錫，一般距篡位只有半步之遙）。這個提議幾乎就是自己給自己封官，「朝廷」當然同意。司馬倫得了「九錫」，諸子又皆握各路禁軍大權，孫秀自然也水漲船高，加侍中、輔國將軍、相國司馬等官。

司馬倫及他的幾個兒子都是庸愚無識之徒（大奸雄司馬懿這個兒子真是不肖之子，此支血脈出奇的差，且一代不如一代），真正的幕後主人公反而是寒人小吏出身的孫秀。但這位孫秀「狡黠貪淫，所與共事者，皆邪佞之士，惟競榮利，無深謀遠略，志趣乖異，互相憎嫉」。真正是小人得志，因時趨勢。

孫秀有個兒子叫孫會，長得比豬八戒都難看。爲了彰顯老孫家，孫秀竟把惠帝親生女兒河東公主娶爲兒媳。一年前，孫會在洛陽城西販馬，如今，城中百姓忽聞這位醜八怪馬販子當了駙馬，「莫不駭愕」。河東公主竟與這麼個人成婚，也成當時一大新聞。

晉惠帝永寧元年（三〇一）春正月，孫秀與司馬倫再也等待不了，派晉惠帝的堂

叔義陽王司馬威去惠帝那裏逼傻子「禪位」。惠帝愚憨，但也知道身上的璽綬是很重要的東西，抱持不放。司馬威伸手就奪，幾乎把惠帝手指掰斷，傻子哥嗷嗷大哭。

司馬倫即位，改元建始。坐上帝位，自然是大封「功臣」，孫秀、張林、司馬威等加官晉爵，「其餘黨羽，皆爲卿、將，超階超次，不可勝記。下至奴卒，亦加爵位」。每次朝會之時，貂蟬滿座，「時人爲之諺曰：『貂不足，狗尾續』。」這就是「狗尾續貂」典故的由來。

司馬倫雖當了皇帝，但真正的皇帝顯然是孫秀。司馬倫所發佈的命令連放屁都不如，孫秀隨隨便便就能更改了，封個官許個願，簡直稀鬆平常。爲了安撫宗室，拉攏人心，孫秀也以司馬倫名義加封齊王司馬冏、成都王司馬穎以及河間王司馬顒大將軍名號，並把司馬倫親信多人派出給三王充當僚佐，以爲監視和內應。

司馬倫稱帝才兩個多月，在許昌坐擁強兵的齊王司馬冏就遣使告成都、河間、常山、新野四個司馬王爺，移檄天下，發兵討伐趙王倫，孫秀、司馬倫聽說三王起兵，大懼不已，天天弄幾大幫人在宮裏跳大神。大神跳得還真靈驗。齊王司馬冏在潁陰被張泓打敗；孫會、士猗等人又在黃橋大敗成都王司馬穎。

三十年河東，三十年河西，司馬穎乘孫會等人鬆懈之機突然進攻，大敗孫秀兵馬，宮內數千甲士又迎惠帝復辟。傻子皇帝八成十分鬱悶：怎麼總是大半夜把自己從被窩中喊醒，稀裏糊塗地一會兒被擁上殿，一會又被弄去金墉城。事定之後，三王入城，發詔殺掉趙王司馬倫四子，捕斬孫秀等人親黨，並賜死司馬倫。

惠帝復辟，篡位的趙王倫被賜死，齊王也大賞「功臣」。齊王司馬冏獲封大司馬，成都王司馬穎爲將軍，均加九錫；惠帝堂叔河間王司馬顒爲太尉，加三錫；常山王司馬乂改封長沙王，爲撫軍大將軍。這幾個人都是二三十歲的青壯年王爺。可以想像，這些人在一起，宮中橫坐的又是個傻子皇帝，誰又能向誰低頭呢？

曾經奪惠帝璽綬的義陽王司馬威，聞聽趙王司馬倫倒臺，慌忙逃歸洛陽待罪。諸王本想放他一馬，一直呆呆坐在上座的惠帝忽然發話：「阿皮（司馬威小名）掰我手指，奪我璽綬，不可不殺。」老虎不發威，你當我是病貓啊？傻子這句話，也是他當皇帝一輩子唯一自己做出的「決定」，於是司馬威只能就死。

能激流勇退，方能明哲保身。齊王司馬冏一直懷疑大才子陸機爲趙王司馬倫替惠帝撰寫禪位詔書，就把陸機、陸雲兄弟抓起來想殺掉。二陸兄弟的友人勸他們趕緊遠離是非，陸機不聽。但齊王司馬冏手下的東曹掾張翰以思念家鄉蓴菜湯、鱸魚膾爲藉口離去，不僅能避禍，還能留千秋萬古瀟灑之名，此舉是真名士所爲。

由於惠帝太子司馬遹被賈后殺掉，司馬遹的兩個兒子又被趙王司馬倫殺掉，惠帝就沒有繼承人。按繼承人順序，大將軍司馬穎可爲皇太弟，齊王司馬冏當然不願意，於是他就奏請立惠帝的侄子、年方八歲的司馬覃爲皇太子，自任太子太傅，又加封親信惠帝族叔輩東海王司馬越爲司空，領中書監。

人都愛得意忘形。齊王司馬冏大權在手後，尾巴都要翹到天上，走路眼都往上瞧，手抓印把子，大起府第，耽於宴樂。侍中嵇紹、殿中御史桓豹、孫惠等人皆上書相勸，尤其是孫惠上書，言語懇切，辭理分明，字字句句都說到重點上，可人家司馬冏對這些良諫，都「虛心接受，堅決不改」。

惠帝永寧二年（三〇二），河間王司馬顒起兵。馬顒本來就是趙王司馬倫親信，當時也是因形勢所逼，才不得已加入討趙王的軍隊，齊王對他一直懷恨在心。至此，他覺得時機成熟，又邀成都王司馬穎一起發兵。連戰三日，司馬冏被捕。傻子皇帝也知道好壞，很想饒他一命。終不能。司馬冏成爲八王中第四個死掉的王爺。

長沙王司馬乂用惠帝當幌子和擋箭牌上了癮，凡遇反叛，總是把傻子皇帝弄在軍中打仗，只是他對傻哥哥服侍周全，禮數不虧，故而條件再艱苦，也沒有人生出異心。但是事情突變，惠帝族叔東海王司馬越半夜偷襲抓住司馬乂，又借張方之手將司馬乂放在火堆上慢慢烤炙而死。八王中，他是第五個被幹掉的。

萬惡的舊社會，真的是人吃人。河間王司馬顒屢爲劉枕所敗，急召張方長安救駕。張方臨走時，掠劫洛陽宮中男女萬餘人而去，途中缺乏食物了，便殺掉掠來的男女，夾雜牛羊肉充當軍糧。到關中後，張方與司馬顒雙方合軍，大敗劉枕，腰斬了這位雍州刺史。哎呀，真是想想都恐怖。

司馬越效仿司馬乂，也把傻子皇帝當幌子，挾大軍直撲鄴城。司馬穎給守洛陽城門的石超五萬兵，命他迎擊。石超在蕩陰（今河南湯陰）大敗司馬越軍。晉惠帝車倒草中，臉上中刀，身中三箭，狼狽不堪。侍中嵇紹以身相衛，血濺到傻皇帝身上。惠帝不讓換衣服，說：「嵇侍中血，勿浣也！」誰說惠帝傻啊！

盧志勸司馬穎奉惠帝還洛陽，當時還有甲士一萬五千多人，逃跑時做護衛還綽綽有餘。黎明時分，司馬穎生母程太妃眷戀鄴城，遲遲不願起身，萬餘大軍見主帥無謀，一哄而散，司馬穎和盧志只帶數十騎，擁著惠帝乘犢車南奔洛陽，狼狽不堪。逃至邙山，將軍張方拜迎，傻乎乎的皇帝親自扶起。真傻？假傻？

王浚攻入鄴城之後，先是打開城門，縱兵盡情掠奪。等到退兵回薊州之前，王浚又怕鮮卑士兵攜帶搶掠的婦女行軍耽誤正事，便下令：「敢有挾藏者斬！」諸族騎兵當時還很害怕晉朝軍法，紛紛把千挑萬選搶掠來的絕色婦女推入易水中淹死，共死亡八千餘人。

高度漢化的匈奴人、晉朝的流民首領李雄自稱成都王。果真是「人面獸心」，諸王爭戰期間，也趁亂率五部雜胡起事，建國號曰「漢」，自稱漢王。西晉最後兩個皇帝懷帝和湣帝都爲他們所俘虜，接連讓晉帝上演「青衣侑酒」的歷史悲劇，成爲歷代漢族臣子心中永遠拂不去的傷痛。

惠帝入返洛陽後，張方擁兵專治朝政，所部士兵從長安來，一直把京城當作一塊大肥肉，在洛陽剽掠搜刮，都吵嚷著要「奉帝遷都長安」。惠帝不願再顛簸，不答應出城。張方於是率大批軍士入殿，在後宮大肆姦污宮女，搶劫珍寶，並搜出躲在後園竹林裏的惠帝，逼著皇帝登車出發，皇帝當到這份上，也真夠給力了。

張方挾天子以令諸侯，挾持惠帝、成都王司馬穎以及惠帝另一個弟弟豫章王司馬熾到長安，河間王司馬顒就暫時成爲西晉王朝真正的主人。他讓惠帝下詔廢掉司馬穎的皇太弟身分，改立豫章王司馬熾爲皇太弟。「帝兄弟二十五人，時存者唯穎、熾及吳王晏」。

惠帝永興二年（三〇五）七月，東海王司馬越喘定之後，又以張方和河間王司馬顒「劫顒車駕」爲罪名，發檄天下討伐河間王。成都王司馬穎的舊部也紛紛在河北起兵。見山東、河北等地兵起，河間王就又封原來和自己一個戰壕、現在又被自己軟禁的司馬穎爲鎮軍大將軍，派盧志和千餘兵擁他一起返歸河北招撫。東海王司馬越東山再起之勢勃然，一路進兵順利，軍近洛陽。眼見一天不如一天，河間王司馬顒想與司馬越言和。由於張方自己有「劫駕之罪」，怕二王和解後對自己不利，堅決表示反對。河間王便遣張方的老友郅輔以送信爲名，趁張方讀信時，一刀砍下這位驕橫將領的腦袋。

皇帝真是個搶手貨。西元三〇六年五月，東海王的將軍祁弘連敗河間王司馬顒的軍隊，攻入長安，祁弘搶到惠帝後，又擁著皇帝還洛陽。因爲惠帝在司馬越手中，關中地區都臣服於司馬越。同年七月，惠帝又回到舊都洛陽，改元光熙。每經一次劫難，惠帝就被迫改一次年號，這也是西晉「八王之亂」的一大特色。

東海王司馬越擁大軍入駐洛陽後，被委任爲太傅、錄尙書事（實際上是自己委任自己）。並以自己的親宗堂兄范陽王司馬虓爲司空，鎭軍鄴城（司馬越和司馬虓兩個人都是司馬懿的弟弟司馬馗之孫，按理講是帝室疏宗）。封進攻成都王甚有「功勞」的王浚爲驃騎大將軍，都督東夷、河北諸軍事，領幽州刺史。

魏晉風度，在一個臨死王爺身上也表現得淋漓盡致。范陽王司馬虓手下長史劉輿（大文豪劉琨之兄）假稱詔命，賜死八王中被殺的第六位司馬穎時，這位年輕貌美的王爺倒很鎭靜。他自嘆道：「我死之後，天下安乎不安乎？我自放逐，於今一年，身體手足不見洗沐，取數斗湯來！」然後從容就死。眞是講究啊。

東海王司馬越覺得惠帝沒什麼利用價値了，便於西元三〇六年（惠帝光熙元年）

十二月，派人毒死了傻子皇帝，時年四十八。

半傻半愚的晉惠帝，白白身居九重帝位。尤其他那「何不食肉糜？」的流傳千古的「笑話」，我們讀之細品，只有哀其不幸，怒其不爭。他走了，大家也能真正喘口氣了。

惠帝罷工後，司馬越立惠帝二十五弟司馬熾爲帝，改元永嘉，是爲晉懷帝。太傅東海王司馬越以晉懷帝名義下詔司馬顒爲司徒。司馬顒剛走到新安雍谷，東海王親弟南陽王司馬模派來的將領梁臣突然衝入車中，用大手活活掐死了這位一向老謀深算的王爺。至此，八王中的河間王司馬顒向地獄報到，排名第七。

八王之中，七王相繼被殺，就剩司馬越一枝獨秀了。

司馬越擁立懷帝後，大權獨攬，首先，他害掉懷帝的侄子，十四歲的清河王司馬覃。不久，他又殺掉懷帝親舅王延及大臣高韜等人，懷帝永嘉五年（三一〇），司馬越征討石勒時，忽發暴疾，死於當地，屍骨及棺柩也被石勒派兵士一把火燒得乾乾淨淨。

西元三一一年（懷帝永嘉五年）六月，晉懷帝被匈奴劉淵的漢軍抓獲，西元三一三年被殺，時年三十。

西元三一六年，惠帝另一個侄子晉湣帝司馬鄴也肉袒出降，不久被殺，時年十八。至此，西晉滅亡。

懷帝、湣帝都是很不錯的青年幹才，但「八王之亂」已經使晉朝大廈遭受難以修補的巨大裂隙，孤木難支，任誰也無力回天。

微歷史大事記

魏元帝咸熙二年底（二六五），司馬炎篡位，西晉建立。

晉武帝太康元年（二八〇），晉武帝走狗屎運，三分歸西晉。

西元二九〇至三〇七年，晉惠帝司馬衷即位，皇后賈南風當政。

元康元年（二九一年）到光熙元年（三〇六），八王之亂。

晉惠帝元康九年（二九九），太子司馬遹被廢。

晉惠帝永康元年（三〇〇）五月，賈后被廢。

晉惠帝永寧元年（三〇一），司馬倫即位，改元建始。

西元三一六年，晉湣帝司馬鄴出降，不久被殺。西晉滅亡。

第二章

劉淵建漢

劉禪的假後代

東漢建武二十二年（西元四六），匈奴人賴以生存的蒙古大草原發生了前所未有的大旱災。對於以畜牧爲生的匈奴人來說，大旱成爲空前的災難。牛羊、牧人相繼餓死。而人畜的屍體交相堆積，無人清理，後又引發了一輪又一輪的瘟疫，強盛雄武的匈奴汗國也終於陷入分裂，散裂爲南、北匈奴。

西元九十一年，東漢大軍乘勝把北匈奴趕到金微山（阿爾泰山）以外，驚惶失措的北匈奴部族只能向西復向西，跨過烏拉山，逃過伏爾加河，在裏海以北才敢坐下喘口氣。被羅馬帝國畏稱爲「上帝之鞭」的匈奴王阿提拉，西元四五三年在美女懷中暴死，北遷的匈奴汗國終於分崩離析，散落並融合於歐洲各族。

依附東漢的南匈奴有五千餘部落，西元二一六年，大英雄曹操分南匈奴爲五部，劉豹得爲左部帥。在《晉書》中，劉淵以字稱，皆爲劉元海，這是因爲《晉書》是唐朝大臣編撰，爲避高祖李淵的名諱（另一位羯族皇帝石虎被統稱為石季龍，因為李淵他爸叫李虎）。

冒充漢姓劉的匈奴貴族劉淵自幼居於漢地，深受漢文化薰陶，從小就刻苦好學，有大志。劉淵的遺傳基因非常優秀，本來就是尚武的匈奴王族直系後代，五部又多善騎射之人，劉淵習武，肯定是水到渠成的易事。不僅文采風流，又有一身好武功，才兼文武，劉淵在當時不啻爲人中之龍。

晉武帝受禪後，時任晉朝大臣的王渾就不停地在晉武帝面前薦舉劉淵這個「半老鄉」。因王渾、王濟父子的薦舉，晉武帝自己又對劉淵有很好的印象，一高興還真要下旨派這位匈奴人去帶兵平吳。幸虧當時的大臣孔恂、楊珧很有政治遠見，怕他擁兵自重，說是非我族類，其心必異！晉武帝才作罷。

晉武帝死後，外戚楊駿輔政，爲了拉攏遠人，樹立私恩，加封劉淵爲建威將軍，五部大都督，並封爲漢光鄉侯。晉惠帝期間，八個司馬王爺以及衆位勳貴各懷鬼胎，你爭我鬥。劉淵乘機在五部糾結人馬，以觀時變。惠帝元康末年，由於劉淵所部有人叛逃出塞，他被依法免官。

中原大地板蕩之時，五部貴族上層秘密盟誓，推舉劉淵爲大單于，劉淵聽說後，欣喜過望。但他仍不動聲色，假稱五部族人有喪事，向成都王司馬穎請假，說自己要回部落參加葬禮。司馬穎當時沒答應。倒不是這位司馬穎王爺多聰明，有先見之明，而是當時各王之間爭鬥激烈，他太想把劉淵留下來當幫手了。

晉惠帝永安元年（三〇四），自我膨脹的司馬穎在鄴城宣布自己爲皇太弟，廢掉侄子司馬覃的皇太子位號，這下給東海王司馬越以口實，雙方開打。蕩陰一戰，司馬穎得勝，把惠帝老兄掌握於自己手中，高興之餘，他又加封一直在身邊出謀劃策的劉淵爲冠威將軍。

「樂不思蜀」的劉禪做夢也想不到，在他死後幾十年，竟有個匈奴「孫子」打著他的旗號在汾水流域光復「大漢」。晉惠帝永興元年（三〇四），劉淵以漢朝後嗣來立國，稱漢王，成爲十六國第一個政權的創始者。

劉淵立國未久，西晉宗室、東嬴公司馬騰派將軍聶玄征討，雙方於大陵激戰。此役，匈奴五部兵大顯神威，擊敗聶玄的晉軍。司馬騰驚懼之餘，忙率並州兩萬多戶倉皇奔走山東。劉淵乘勝，遣其族侄劉曜，一舉攻克太原、屯留、長子、中都等地。次年，劉淵打敗司馬騰派來的司馬瑜等晉軍。

晉懷帝永嘉二年（三〇八），「八王之亂」中的八王已有七王命歸黃泉，晉惠帝也被東海王司馬越毒死，在位的是晉武帝第二十五子、晉惠帝之弟司馬熾，即西晉懷帝。劉淵稱帝，改元永鳳，遷都平陽（今山西臨汾）。永嘉四年（三一〇），劉淵病死，在位六年，被諡爲光文皇帝，其子劉和繼位。

微歷史大事記

西元二一六年，曹操分南匈奴為五部。

晉惠帝永興元年（三〇四），劉淵以漢朝後嗣來立國，稱漢。

永嘉四年（三一〇），劉淵病死。

第三章

雄武與殘暴

誰埋葬了西晉

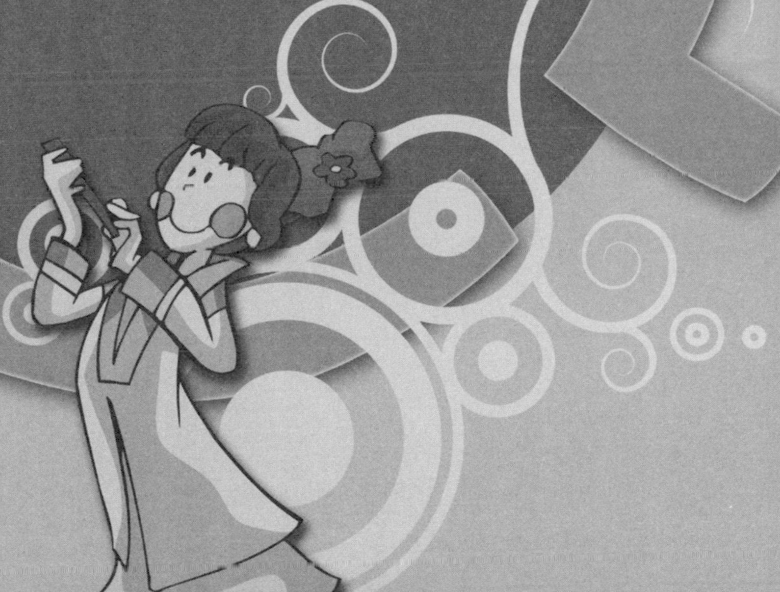

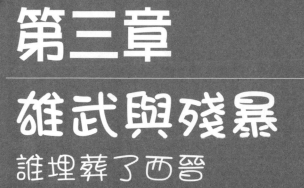

劉淵的兒子劉和和他老爹一樣，自幼飽讀詩書，好學夙成，但是像狐狸一樣多疑，而且爲人刻薄寡恩，不知道籠絡人心。他剛登帝基，就在其舅呼延攸的攛掇下，想殺掉手擁重兵的四弟楚王劉聰等三個王爺。不料，事與願違，最後劉聰率大軍攻入西明門，衝進內宮，斬殺了劉和，並收斬呼延攸等人。

劉聰殺掉劉淵的兒子後，雖朝中大權皆歸己手，但還沒有馬上自立爲帝的野心。由於當時劉淵年輕的孀婦單氏是「皇太后」身分，劉聰就想尊單氏所生的兒子北海王劉乂爲帝，但劉乂以及眾位大臣推舉他。於是，劉聰即皇帝位，改元光興，尊劉淵的皇后單氏爲皇太后，生母張氏爲帝太后，拜劉乂爲皇太弟，領大單于、大司徒，立其妻呼延氏爲皇后，封其子劉粲爲河內王，署使持節撫軍大將軍，都督中外諸軍事。

劉聰爲人，據說是其母懷孕十五個月才把他生出來，左耳間生有一根白毫毛，二尺多長，光澤瑩亮。劉聰也是自幼好學，劉聰身上既有父氏匈奴驍武的遺傳，也有母氏漢族詩文積澱的靈性，確是人中龍虎。

雖然爲帝不到一年，劉聰已內外全然改變。權力對人的腐蝕力量是巨大的。他決定賴下這個位子，不僅再無傳位於皇太弟劉乂的意思，甚至對比自己年歲稍長的哥哥劉恭也大行猜忌，派人夜間越牆而入，刺殺了這位皇兄。劉聰入居皇宮以後，見後媽單太后貌美，也一併收到自己牛仔褲下。

可能是爲了黃泉路上有個伴，單氏死後不久，劉聰的皇后呼延氏也病死。正當盛年而又極其好色的劉聰正好遂心願，娶了太保劉殷的兩個女兒，還有劉殷的四個孫女。「姐妹控」劉聰又大設宴席，引見被俘的晉懷帝。晉懷帝司馬熾入平陽後，被「封」爲會稽郡公。

勝者爲王的劉聰言語溫和，與戰戰兢兢坐在側席的晉懷帝談得投機，臨別之時，劉聰竟一時興起，把「六劉」中的一位小劉貴人賜給晉懷帝，這一舉動真是驚世駭俗，晉懷帝不敢不受，只得深深拜謝。看來劉聰漢化再深，畢竟身上的匈奴基因仍根深蒂固，能把小老婆賜給別人享用，這也是了不起的大度。

人在順境時更容易暴露自己的本性吧。劉聰自攻陷洛陽、擒獲晉懷帝之後，爲政日昏，常因一些雞毛蒜皮的小事誅殺大臣。而且，他還遊獵無度，常早出晚歸，至夜也不回宮，帶著成千的儀衛和後宮佳麗在汾水邊上大張燈燭，河邊幾十里亮如白晝，與眾人歡笑在河邊打魚撈蝦，玩得不亦樂乎。

西元三一三年春節，劉聰突然想和大家一起樂呵樂呵。席間，這位匈奴帝王狼性忽現，一改數月以來的溫文爾雅的君子之態，在大殿上逼使昔日的大晉皇帝身著僕隸青衣，當起了服務生。晉懷帝無奈，只能像小服務員一樣，在滿殿匈奴人的吆喝和笑罵聲中爲他們斟酒。然後劉聰又當殿鴆殺了晉懷帝。司馬熾被殺時，年僅三十。

西元三一三年三月，劉聰立貴嬪劉娥爲皇后，並命人爲她修建宏麗的凰儀殿。廷尉陳元達想囉嗦兩句，結果惹怒了劉聰，被這個糊塗傢伙命令推出殺頭，殿中大司徒任凱等多個大臣把頭都磕出血了，爲陳元達求情。皇后劉娥也求情。由此，成就了匈奴漢國爲數不多的一段君后臣下的佳話。

客串了一回服務生的晉懷帝被殺的凶訊傳至長安，「皇太子」司馬鄴繼位，是爲晉湣帝，改元建興。父仇不共戴天，晉湣帝繼位之初，也曾熱血沸騰，聲言要掃除匈奴劉氏，奉還懷帝梓宮，好好盡一盡孝子之道。從這看，這孩子還算個好孩子，只是可惜，好人沒好報。

劉聰看乳臭未乾的晉湣帝想找自己報仇，又氣又樂，「想和我鬥，你還嫩了點！」於是就派遣劉曜等人大舉進攻。年僅十七歲的晉湣帝這下子可是捅了馬蜂窩，叫天天不應，呼地地不靈，只能依禮做足全套投降儀式，俘送平陽後，晉湣帝於光極殿內跪地稽首，被封爲「懷安侯」。

接連俘虜晉朝兩帝，劉聰的尾巴開始翹上天了。每天除了四處遊玩、喝得醉熏熏的，他還有另外一個愛好，就是到各個大臣家裏轉悠，見到漂亮姑娘就嘗鮮。一次，這小子「臨幸」中護軍靳准家，見靳准兩個女兒靳月光、靳月華皆貌美如花，立地鋪床開被，把二女推倒。後來劉聰覺得靳月光滋味更好，便立她爲皇后。

天有不測風雲，有一次天上突然下起了紅雨，就像下血一樣。古人迷信，漸漸失去權勢的皇太弟劉乂心中不由得懼惡頓生，忙召人商議對策。跟隨身邊的小弟們勸他反叛劉聰，被手下一小弟告發，劉聰大怒，忙把盧志等數位漢人詔收入獄，隨便安個別的罪名殺掉。此次謀反就此流產。

深居內宮的劉聰不僅貪酒好色，還寵幸太監。劉聰每天流連於後宮花叢，有時三個月都不上一次朝。朝中大政皆由王沈等大公公把持著，宗室太宰劉易與御史大夫陳元達等人冒死進諫，劉聰不聽，反而氣死太宰劉易，還連累御史大夫陳元達也自殺而死。

牆倒眾人推，大太監郭猗曾遭皇太弟劉乂不待見，眼看劉乂威權已失，便想趁機幹掉這位失勢的「太弟」。於是一次請客吃飯的時候，他對相國劉粲進獻讒言，趁機大演無間道，結果把劉粲說動心了，劉粲早就對這位擋在自己前面的小皇叔恨得牙根癢癢，至此更是殺心頓起。

國丈靳准也深恨劉乂。靳准的女兒未入宮前，他四處鑽營，把一個堂妹送入皇太弟劉乂身邊做侍妾。這位靳妹妹生性淫蕩，一次大白天趁劉乂不在，與衛兵在後園大玩兩人遊戲時，恰被因事回府的劉乂撞個正著，一怒之下，兩劍送他們去了極樂世界。其後，劉乂每在朝中見到靳准，都拿此事冷嘲熱諷，使靳准漸生仇恨。

都說有再一沒有再二，西元三一八年一月，劉聰請客，又玩晉懷帝時候的把戲，命晉潛帝當服務生，劉聰從廁所撒尿歸來，還命令晉潛帝給自己撐傘蓋。見此情狀，尚書郎辛賓悲不自勝，衝過去抱著年輕的晉潛帝痛哭失聲。劉聰惱怒，命衛士殺了這個敗興的辛賓。當夜，劉聰又派人殺掉了可憐的晉潛帝，時年十八。

正所謂天道循環，報應不爽，做事不可太絕。對於敵國前朝的漢族君主，可殺，可囚，可好吃好喝軟禁，唯獨不要大庭廣眾之下弄這些服務生之類的侮辱把戲，結果搞得大家都看他不順眼。匈奴劉聰、金國完顏氏都愛搞此類「表演」，結果，匈奴劉氏及女真完顏的後代基本被誅殺乾淨，寸根不留。

不是不報，時候未到。上蒼報應有時太快。西元三一八年四月，平陽城內宮殿大火，燒死劉聰的兒子會稽王劉康等龍子王孫共二十人，大火還沒熄滅，劉聰哭過哀過，仍然沉浸於溫柔鄉裡。皇宮內的大太監們紛紛搜羅美女進獻劉聰，以博寵幸。劉聰遍嘗這些十四五歲的少女，感覺十分暢爽——怎麼能不爽！

匈奴劉氏雖然兇暴，但他手底下的員工們真的很敬業。尚書令王鑒、中書監崔懿之、中書令曹恂等人紛紛上書，認爲皇后母儀天下，應該選擇世德名宗之女，不應讓長得比恐龍都難看的太監養女主持後宮，連對國家不利的話都說出來了。可是對於美

女在懷、美酒在口的劉聰來講，這些諫疏簡直是讓他敗興怒狂。

劉聰這個董事長雖擒滅西晉二帝，表面上是中原地區的主人，其實勢力非常局限，實際統治地區只包括山西一部分地區和劉曜鎮守的關中地區，其首都平陽城鬧饑荒，竟也一次餓死數萬人之多。可見這個公司業績多麼不佳。再加上三天兩頭和別人打來打去，不但錢財都沒了，就連自己的位子也開始搖晃起來。

報應終於來了。西元三一八年七月，享盡齊人之福的劉聰終於被酒色掏空了身子，病重將死之際，下文件封大司馬劉曜爲丞相，上洛王劉景爲太宰，濟南王劉驥爲大司馬，昌國公劉凱爲太師，呼延晏爲太保，託付後事。很快，劉聰暴亡，太子劉粲繼位。劉聰在位九年，謚昭武皇帝，廟號烈宗。

劉聰兒子劉粲，很有老爹色狼風範，繼位後，劉粲名義上尊劉聰的各位皇后爲皇太后，但眼見這些貌美如花的後媽們都是在不滿二十歲的韶年，淫心搖盪，晝夜宣淫，輪流讓這些他名義上的母后們侍寢，盡情淫亂，沒有一點親爹剛死、心中哀痛的意思。

靳准一家可拽透了。二后一嬪，大權在手，備受劉粲信任。但靳准可是志向遠大，暗中起了篡逆之心。爲了掃除障礙，他向劉粲誣陷說其宗家要造反，並讓女兒吹吹枕邊風，兩位靳家美婦在與劉粲床笫大戰之際，梨花帶雨，哭訴宗室即將造反，劉粲耳根子極軟，立馬派太監帶兵，誅殺了兄弟輩劉氏親王。

劉粲爲安心享樂，他讓靳准決斷一切軍國大事。靳准下假命令，把皇宮禁衛部隊完全控制在自己手裏。西元三一八年九月，靳准親師精兵衝入光極殿，命甲士把正在後宮玩樂的劉粲抓來殺了。

大概劉粲臨死也想不通，這位既是自己姥爺又是自己老丈人的靳大將軍爲什麼要幹掉自己。靳准殺掉劉粲後，又下令斬草除根，凡是在平陽的各種匈奴劉姓宗親，成族成族被殺，幾乎一個不漏。接著，靳准又命人一把火把劉氏宗廟燒個乾淨。

大概是神經錯亂的靳准自號大將軍、漢天王。奇怪的是，他與劉氏也不見有多大仇恨，卻下令發掘劉淵、劉聰的陵墓，並令人把劉聰的屍體扶跪於地，大刀砍下這位死皇帝的腦袋。更爲奇怪的是，他又把劉聰從晉朝繳獲的玉璽捧出，對漢人胡嵩說：「自古無胡人爲天子者，今以傳國玉璽付汝，還入晉家。」

胡嵩以爲靳准是試探他，不敢接受。怎麼知道靳准這次是鐵了心做好事，看胡嵩不熱乎，也許是自尊心受到了極大的傷害，於是勃然大怒，一劍把胡嵩刺死。然後，在大家一片驚疑不解的目光中，親自送回懷、湣二帝靈柩，歸於晉土落葬。讓眾人大跌眼鏡。

眼見匈奴劉氏大半被誅，天下像一鍋開水翻騰滾沸，一直覬覦漢國企圖自立的漢大將軍、羯族人石勒，馬上出精兵五萬，打著興復漢室的旗號，親自征伐靳准。駐紮在長安的大司馬、相國劉曜（劉聰族弟）也率兵赴難。

劉曜，字永明，是劉淵的族侄。其父早亡，由劉淵一手養大。「幼而聰慧，有奇度。」劉曜八歲那年，跟隨劉淵在西山遊獵，途遇大雨，眾人在樹下避雨。突然，轟隆一個大雷打下，眾人皆嚇得紛紛趴在地上，唯獨劉曜神色自若，鎮定異常。劉淵見此，嘆道：「此吾家千里駒也！」

想必劉曜這位爺生來就是晉家的剋星。他身高九尺三寸，垂手過膝。「生而眉白，目有赤光」。匈奴血統，眼睛有色其實沒什麼稀奇，只是史臣對帝王出身的神奇附會。劉曜生性落拓高亮，與眾不同，是個文武雙全的小夥子，號爲神射。劉淵建立漢國後，晉懷帝、晉愍帝之擒，皆是劉曜大功所至。

西元三一八年（東晉元帝太興元年）十一月，劉曜帶著大軍行至赤水川，太保呼延晏等與太傅朱紀等人共勸劉曜稱帝。當時情境所逼，匈奴劉氏所有至親王爺不是被劉聰、劉粲自己下詔殺掉，就是被靳准闔族斬殺，只剩劉曜枝屬最近，加上他本人戰功赫赫，大兵在握，承襲漢統按理講是必然之事。

看一幫小兄弟誠心誠意，劉曜就順勢稱帝，改元興初。他下令大赦，唯靳准一門不在大赦之列。然後派石勒發大兵進攻據守平陽城的靳准，都城周圍十餘萬部落聞風而降，靳准這老小子心虛，就派侍中卜泰想與對手講和，順表奉戴之意。石勒思來想去，不敢自專，就把卜泰捆綁起來送與劉曜處理。

劉曜也不傻，他深知平陽城堅固易守，強攻會死人無數。於是先施攻心計，對妹夫卜泰好言相勸。卜泰回去後，馬上向靳准轉達了劉曜的意思。靳准雖輕狂迷亂，卻也不是傻子。他知道自己手上沾滿匈奴劉姓宗室鮮血，就連劉曜的親母和哥哥也是他派人殺的，所以劉曜的話雖好聽，卻萬萬不敢相信。

靳准這邊還在猶豫不決，他的兩個幫兇——其堂弟靳康、靳明等人可忍耐不住了。眼見城外石勒大軍攻勢甚銳，情急之下，靳氏兩兄弟心存僥倖，與幾個禁衛軍將領一起，乘靳准不備，一刀砍落這位堂兄的腦袋。於是，眾人推靳明爲主，派卜泰奉漢國傳國玉璽送至劉曜處投降。

石勒心眼挺小，聽說靳明等人捨近求遠，不向自己投降，心裏十分火氣，就指揮大軍猛攻平陽。靳明屢戰屢敗，不停向劉曜求救。劉曜派軍救回靳明，眼見脫離了險境，可是還來不及喘口長氣，卻被劉曜命人就地斬首。

劉曜也是個不喜新厭舊的好孩子。回到都城長安後，冊立先前在洛陽搶來、一直享用的惠帝皇后羊氏爲皇后。

說起這位羊皇后，也是身世坎坷。當初她之所以能被立爲皇后，還是因爲外祖父

孫旂與趙王司馬倫的「大管家」孫秀合族，故能在太安元年被立爲惠帝皇后。

羊氏入宮還帶有神奇色彩，入宮時，她衣服莫名其妙著火，當時的人便以爲是不祥之兆。後來又幾起幾落：成都王司馬穎討伐長沙王司馬乂時，廢羊后；司馬穎敗後，羊后復位；張方入洛陽，羊后又被廢。惠帝還洛陽後，羊后又得以復位。洛陽大戰，羊后最終被作爲「戰利品」，送到了劉曜的軍中大帳。

劉曜這個人，其實是個典型的「高富帥」。文武全才，匈奴人體格，無論言語談吐還是床上功夫，肯定比傻子皇帝司馬衷要強上數倍。加之劉曜體形健美，相貌英俊，一場肉搏下來，讓此位久居深宮的羊后暢悅非常。羊后便嬌羞道：臣妾生於高門，一直以爲世間男人都差不多。自從侍奉過您，才知天下有偉丈夫！

男人都喜歡女人誇自己的床上功夫了得吧。貴爲皇帝的劉曜也不能免俗。眼見昔日的大晉皇后如此褒讚自己，邊陲蠻族的虛榮心獲得極大滿足，把羊氏日夜帶在身邊，日日夜夜拼命戰鬥，登基後，立刻立羊后爲皇后，日夜臨幸。羊后還接連爲劉曜生下三個兒子，並因產第三子時得產後風而死。獲諡獻文皇后。

西元三一九年夏天，劉曜在長安開設新公司，自立爲董事長。立宗廟、社稷，漢變爲趙，是爲十六國中的「前趙」。劉氏匈奴政權也完全以單于後人自居，不再打漢朝的旗號了。同年冬，羯族石勒也自稱爲趙王，「依春秋列國稱元年」。爲與劉曜建立的「趙」區分開來，石勒的趙國，史稱「後趙」。

劉曜建國初期，還算是個有志青年。他頗思進取，接連出兵，攻陷陳倉、草壁、安定、隴城等地，並在大臣遊子遠輔助下平定關中的巴、氐、羌、羯等族。同時，他又在長安立太學、小學，揀取五百多名青少年。朝中大臣有規諫劉曜大興宮室的弊害，他也能虛心聽取，並下詔褒揚。十足一個好青年。

古人鬼怪多。長安附近的終南山山體滑坡，有人進獻山崩時發現的一方白玉，上面有「皇亡，皇亡，敗趙昌」等字（估計是有人假造符瑞以邀賞）。當時群臣十分高興，認爲是趙王石勒終於被老天爺討厭了。唯有中書鑒劉均認爲老天爺這老頭不是討厭趙，而是討厭自己了。劉曜聽了，表示要認真對待「上天示警」。

趙王石勒也沒閒著吃乾飯，西元三二五年四月，派手下親將石佗帶兵去人家前趙的北羌王部落裏大秀肌肉，俘三千餘落，獲牛羊兩萬餘而歸。劉曜聽說後大怒：敢欺負我的人！當天就自長安出兵，派中山王劉岳追擊石佗。劉岳這小子有福，打一仗竟然就行啦。大敗後趙軍，殺了人家主將，還把五千多後趙軍趕入黃河餵了魚。

打狗要打落水狗。劉岳奉劉曜詔令乘勝前進。開始，前趙軍作戰順利，劉岳軍節節勝利，不但殺了後趙兵卒五千餘人，還把人家大將石生圍在了金墉城中。危急時刻，神兵天降，石勒的侄子大魔頭石虎率兵打敗劉岳，劉岳只好夾著尾巴退到了石梁

（洛水北岸）。接著，石虎又大敗前趙大將呼延謨，並殺了他。

劉曜一聽竟然轉勝爲敗，立刻火冒三丈，親率大軍救援劉岳，石虎也自領三萬大軍前來拒戰。兩隊人馬直殺了個天昏地暗，血流成河。開始老天爺站劉曜一邊，讓他小戰先勝。夜間，老天爺又叛變了，劉曜大軍半夜無故大驚，軍中潰退，剛安頓好，誰知士卒又無故大驚。這仗沒法打了。劉曜只得退歸長安。

福無雙至，禍不單行。退回長安後，劉曜氣病了，其皇后劉氏又病死。此位豔麗動人的劉皇后死前，劉曜親自來到床前，問她有什麼臨終遺言。迴光返照之際，劉皇后說：「希望陛下能貴顯臣妾叔父劉昶。我另一個叔叔劉皚有個女兒非常賢淑美麗，但願陛下能納之爲后。」

西元三二八年六月（東晉成帝咸和三年），後趙石勒不消停，又派其侄中山公石虎帶領四萬大軍進攻前趙河東地區，一時之間，有五十多縣紛紛回應，後趙軍勢如破竹，直攻蒲阪（今山西永濟縣）。勁敵來攻，劉曜又一次御駕親征。唉，當皇帝最不爽的就是：正和後宮娘娘們爽著，還得起身去打仗。

劉曜帶著一幫小兄弟，進攻守衛洛陽金墉城的後趙大將石生，他想玩漂流，就掘河水猛灌後趙守軍。後趙滎陽太守尹矩和野王太守張進一看，城外水勢洶洶，紛紛投降，一時間，形勢對劉曜非常有利。但他當時所犯最大的致命錯誤是，沒有挾必勝之威進攻後趙都城襄國，耽誤了上天賜予他的大好機會。

西元三二九年一月，後趙諸軍在成皋聚集了近十萬大軍，尤其讓石勒感到可喜的是，成皋關前竟無前趙守軍。於是，石勒大軍趁月黑風高，走小路，突破了成皋關。而劉曜這邊呢，因爲打了勝仗，正喜不自勝呢。要不怎麼說驕兵必敗，看劉曜就知道了，天天喝酒、賭博，哪有心思考慮打仗的事情啊！

石勒估計是熟讀兵法，先不與劉曜交戰，而是率四萬步騎進入了被圍數月的洛陽城中。劉曜正猶豫間，忽然發現洛陽城北出現了石虎率的三萬步兵；石堪、石聰兩人各將精騎八千自城西疾馳向北，合軍進攻劉曜的前鋒軍，雙方大戰於西陽門。石勒本人親貫甲冑，從洛陽閶闔門衝出，形成對劉曜大軍的夾擊之勢。

劉曜自年輕時就喜飲酒，稱帝後酒癮更大。就是臨陣打仗，他仍飲酒數斗，不知是壯膽還是解饞。剛剛披掛上馬，平時他一直乘騎的赤色駿馬不知是何原因，前腿跪地不能站起。戰事危急，也來不及找到好馬，劉曜臨時牽了匹一般運物的小馬跨騎而上。臨出營門，他又喝了一斗酒。真乃酒仙也。

石堪認識劉曜，急忙率精騎直撲這位皇帝而來。前趙軍大潰。劉曜昏醉之中，被敗兵裹挾著往後奔逃。他所騎小馬速度慢，力量又不夠，前蹄陷在石渠中，一下子把劉曜甩到了冰面上。後趙追兵箭射槍捅，劉曜都快被扎成篩子了，被石堪抓住，送至石勒大營。那還能有好？當然免不了去西天逛逛了。

王侯將相，寧有種乎？從劉淵即位起，漢（前趙）至此共歷三帝（劉淵，劉聰，劉曜），共二十七年。居於中原的匈奴各種人，被石勒下令斬盡殺絕，枕屍千里，「天之驕子」的尊貴種群，剎那之間灰飛煙滅。再也沒能重演逃出生天、東山再起的活劇。這也是因果報應，循環不爽吧。

劉琨，字越石，中山魏昌（今河北無極縣）人，是漢中山靖王劉勝之後。（劉勝即那位在陵墓中放置金縷玉衣的西漢荒淫王爺。他有兒子一百餘人，三國劉備也號稱其後代。）劉琨青少年時代，可是貨真價實的官二代富二代，完全是過著貴族子弟醉生夢死、豪奢不羈的生活。

劉琨祖父劉納曾爲相國參軍，其父劉蕃位至光祿大夫。如此父祖，可以想見劉琨貴族公子哥的周圍環境定是笙歌滿目，金玉滿堂。二十六歲時，劉琨已得「司隸從事」這樣的清閒官職，平日一直是大豪客石崇金谷園別墅的座上常客。

皇后賈南風權勢熏天之時，她外甥賈謐官至秘書監，也是一位喜愛文墨、專事冶游的貴族公子哥。當時的一幫文士豪客都與他氣味相投，其中包括劉琨、石崇、左思、潘岳、陸機、陸雲、歐陽建等人，號稱「文章二十四友」——這個貴族沙龍魚龍混雜，什麼樣人品的人都有，大小詩人、政客廁身其間。

趙王司馬倫殺掉皇后賈南風，雖知劉琨與賈后一黨關係不錯，但司馬倫的兒子司馬荂是劉琨的姐夫，加上劉家兄弟聲名卓異，所以，不僅沒殺沒罰，還對他們加以拉攏，以劉琨爲記事督（機要秘書主任）。黃橋一戰，劉琨同成都王司馬穎、齊王司馬冏等宗室三王大敗，燒掉河橋倉皇逃跑才保得一命。

劉琨與東海王司馬越爲政時一系的司馬虓患難與共，也是槍林彈雨裏鑽出來的。使這位范陽王能成功擁有冀州之地。他還帶兵成功地救出陷入敵軍手中的父母，統帥幾路軍馬奉迎傻子皇帝晉惠帝於長安。東海王司馬越見劉琨爲自己賣命，高興之餘封他爲廣武侯，食邑兩千戶。

劉琨之所以能被東海王司馬越委以如此大任，全賴其兄劉輿的鼎力相助。兄弟兩人青年時代舉止浮誇，仗著自己是高富帥，經常欺侮窮矮醜的孫秀。這位殺掉潘岳大才子的小人手中得權後，也很想幹掉劉氏兄弟。但劉氏兄弟與趙王司馬倫有姻親關係，牙根恨得癢癢，也不能把這兩個人弄死。

范陽王司馬虓因病被閻王爺請去後，劉輿當機立斷，矯詔賜死了鄴城內被囚的成都王司馬穎，爲東海王司馬越除去了一大心病。久聞劉輿之名，司馬越想把劉輿召至京城在自己身邊做事。有人很嫉妒劉輿的才幹，就對司馬越講他的壞話：「劉輿像塊

髒肉，誰接近他都會受到污染。」

命苦不要怨人，一切都是天注定，人家劉輿才高如此，也逃不過一個「命」字。不過，此位仁兄死得很是時候，各路胡人大軍圍困，洛陽未失陷時，也許真的是塊髒肉，要不爲什麼手指會感染，還得敗血病了呢？時年四十七。死後備極哀榮，追贈驃騎將軍，諡曰貞。要是晚死幾天，說不定有什麼橫禍呢。

劉琨當初在趙王司馬倫手下打過大敗仗，福兮禍兮，也增添了不少領兵戰鬥的經驗。歷盡千辛萬苦，劉琨率領一路招募的一千多號人，沿路搏鬥進擊，最終到達晉陽城（今山西太原）。劉琨到後，幾乎重新構建了晉陽城。剿匪拒盜，數歷驚險，驅除賊寇，終於在晉陽安頓下來。

劉琨是晉人，有許多個寒風凜凜的夜晚，晉陽城外胡騎圍困住城市。劉琨一襲白衣，乘月登樓，發出陣陣清嘯之聲，牆外群胡，佇馬低首，淚眼迷離，誰也不忍心抽白羽搭弦給這位大文豪、大音樂家當胸一箭，藝術的魅力，至此已臻極致。

當時，匈奴劉淵已經稱漢王，其老巢離石距晉陽才三百多里地，匈奴鐵騎可以一天內馳至晉陽城下。劉琨文武全才，也會用計。他對周遭的匈奴別部「雜虜」施以離間計，招降了千千萬萬的人。結果，劉淵真的害怕了，趕緊遷出離石，在蒲子又重新造了一座城，唯恐劉琨來襲。

劉淵稱王時，認了漢高祖做祖宗，並追尊蜀漢主劉禪為孝懷皇帝。劉禪他爸劉備，一直號稱中山靖王之後，劉禪肯定也當屬中山靖王之後無疑。而這位大晉忠臣劉琨，恰恰是百分百沒有摻假的中山靖王之後，漢室血親。如果論理講禮，劉淵和劉琨還真能論論世系排行，沒準論來論去，兩人能論出誰是誰的大爺來。

多年的休養生息，晉陽城漸漸恢復了生機。連年征戰中，附近的漢族人民終於找到了一塊安全之所，生活、生產、戰鬥三不誤，初具立城規模。劉琨的父母此時也從洛陽趕來與兒子相聚，遠近士子流民也爭相依附劉琨。

西元三〇八年十月，劉淵在蒲子稱帝。建立了以他為首的新帝國。其間，漢將石勒所向披靡，好像戰神靈魂附體，那一刻，他不是一個人在戰鬥。一百多當地塢堡武裝向石勒投降。不久，劉淵的兒子劉聰、漢將王彌與石勒又合軍進攻壺關，劉琨遣去的晉將接連被殺，西晉上黨太守投降。

一說屋漏偏遭連夜雨，不僅處處戰敗消息傳來，原先附晉的匈奴右賢王劉虎和白部鮮卑也牆頭草順風倒，紛紛向劉淵稱臣，對劉琨的晉陽根據地形成了嚴重的威脅。審時度勢後，劉琨只能遣派使人，帶大份厚禮懇請鮮卑拓跋部酋長猗盧出兵，與自己一道，與劉淵爭衡。

拓跋猗盧倒是個很講義氣的漢子，派其侄拓跋郁律率領兩萬鮮卑騎兵助戰。真是一朝被蛇咬，十年怕井繩。劉淵匈奴兵很能戰，但心理上一直害怕鮮卑人的勇猛和亡命。匈奴劉虎的軍隊和白部鮮卑皆敗於劉琨、鮮卑聯軍手下。得勝之後，劉琨與拓跋猗盧置酒高會，兩人結拜為兄弟。

亂世總是事多。西元三一一年年底，劉琨與王浚又因州民問題發生了直接衝突。王浚是西晉博陵郡公王沈的兒子。這王沈本來也不是什麼好貨色，當初曹魏少帝曹髦帶兵攻打司馬昭，臨行前對王沈、王業兩人說了實情。這兩個不忠小人扭頭就跑，馳告司馬昭，使這位曹魏權臣爭得了寶貴的時間，最終導致了少帝曹髦的被害。

王浚是個僞君子，真小人，他首鼠兩端，持兵觀望。司馬穎想派和演殺掉王浚並統領其兵馬。和演想趁兩人賓隨儀仗交合、馬上作揖行禮時，趁機殺掉王浚。不巧，天降暴雨，兵器皆濕，不便弓刀，謀殺王浚未果。烏丸族的審登單于以為是上天佑助王浚，就向王浚告密，王浚與審登一起攻殺了和演。

王浚掌控了局勢，他竟也深知上陣父子兵，於是召來鮮卑女婿務勿塵，率鮮卑聯軍兩萬人，大舉進攻司馬穎，攻擊鄴城，殺死漢族士庶數萬。鮮卑騎士在城裏搶掠了不少漢族美女。回軍途中，王浚怕有誤戰事，下命不准藏私，鮮卑騎兵紛紛把搶來的美女推入易水，淹死八千多人。這事做得多不厚道啊！

晉懷帝成功晉級後，封王浚爲驃騎大將軍、司空，領烏丸校尉，並封他女婿務勿塵爲大單于、遼西郡公。王浚這下抓住了龍角，帶著一大幫鮮卑雇傭軍，與劉曜大將石勒玩扮家家。王浚嫌劉琨和自己爭地盤，率大軍與劉琨屬軍交戰。王浚的鮮卑聯軍戰鬥力很強，攻殺劉希，使劉琨的計畫流產。

往往鷸蚌相爭，漁翁得利。晉將劉琨、王浚兩人只顧窩裏鬥，卻被匈奴劉氏屢屢得手。懷帝永嘉五年，繼石勒全殲司馬越十餘萬眾之後，漢帝劉聰的軍隊攻陷洛陽，生俘晉懷帝，殺傷數萬漢族兵民，滿載而歸。看來這窩裏反是經年的光榮傳統，從古至今都把眼前利益看得非同一般的重。

與拓跋六修一起守新興的劉琨守將邢延找到數塊上好玉石，想拍馬屁，就進獻給劉琨。爲感激拓跋鮮卑人來投附幫忙，劉琨就把這些玉石轉送給拓跋六修。這位鮮卑王子貪財，得了好處不說，又把邢延的妻兒抓起來囚禁，逼索玉石，邢延衝冠一怒，打跑鮮卑人，並乾脆一不做二不休向匈奴劉氏投降。

倒楣蛋王浚正值自我膨脹高峰期。走路眼睛沖著天，遠君子近小人，不理政務，人民飽受壓榨，紛紛逃亡。而王浚之所以在「八王之亂」中凸顯實力，全靠他手下的鮮卑、烏桓雇傭兵，現在這些人紛紛反叛，使他失掉手中最大的王牌。加之天災人禍，王浚的實力大不如前，日益虛弱。

常勝將軍石勒想除掉王浚，但又不知對方虛實，便派人帶了數車珍寶奇貨，並寫了一封馬屁拍得特響的書信差人送去，王浚一看，差點樂昏過去。本來自己架子大正在強撐，昔日的強敵石勒竟然擺出一副兒子樣，一會兒陛下，一會兒殿下的稱呼自己，要擁戴自己爲皇上，能不高興得冒油嗎？

石勒送走王浚使臣，便向自己的使臣問王浚的虛實。使臣彙報說：「這小子壞透了，幽州去年發大水，人民無糧食可吃。王浚倉庫裏糧食堆不下，卻不賑災，還棺材裏伸手──死要錢，現在忠臣賢臣都跑了，內外皆想反叛，人人都知道他滅亡不遠，而他，還以爲自己比漢高祖、魏武帝還有才呢。」

西元三一四年四月，石勒摸清了底細，想要暗算王浚，率大軍逼近薊城，吆喝守門軍士開門。王浚也是糊塗透頂，竟然命門軍大開城門。王浚毫無戒心，石勒卻多留一個心眼。他害怕進城後會遇到埋伏，就先派兵趕進數千頭牛羊，聲言獻禮，以堵塞城內通道。即使王浚有伏兵，這麼多牛羊塞路，也奈何他不得。

石勒入城後，縱兵大掠。王浚等了半天，也沒見石勒來拜見自己，倒聽見兵士稟告說石勒正發佈命令。終於知道自己上了大當，王浚撒丫子就跑。沒跑多遠就被石勒兵士抓住，送至府堂。王浚雙臂被綁，見這位一直向自己稱臣裝孫子的大胡酋高坐堂首，把自己的老婆摟在懷中，笑望自己。後王浚被斬於襄國鬧市。

劉琨坐山觀虎鬥，待王浚被石勒擊滅。可沒想到，石勒不僅沒有歸身晉朝，反而調集大兵，在沒有後顧之憂的情況下，準備向劉琨發動攻擊。晉湣帝建興三年，劉琨獲拜爲司空，都督並、冀、幽州諸軍事，官銜雖堂皇，周遭的形勢卻十分令人擔憂，根本沒有什麼他可以真正長久立足的地方。

屋漏偏遭連夜雨。晉湣帝建興四年（三一六），一直爲劉琨倚爲根本後援的鮮卑酋長拓跋猗盧被殺。於是拓跋鮮卑之精兵猛將，再也不會成爲劉琨危難時刻的後援友軍了。此年年底，晉湣帝於長安被匈奴劉氏的漢軍生俘。可憐皇帝，高高在上時萬人敬仰，一旦龍游淺灘，也只能當個高級服務生了。

就在劉琨山窮水盡之時，突然天上掉下了個大餡餅，把他砸得一暈一暈的：晉朝幽州刺史段匹磾派人來邀。窮極無路，劉琨只得前往薊城，依附段匹磾。段匹磾其實是劉琨的死忠粉絲，兩人相見，相約共扶晉室，盡忠朝廷，並結爲兄弟。同時，兩人又一起上表遠在建康的司馬睿，擁戴他爲皇帝。

段匹磾，東部鮮卑人，這位也是個典型的官二代，家世好，其父務勿塵就是王浚嫁女與之的那位鮮卑首領。務勿塵被晉朝封爲大單于時，段匹磾也受封爲左賢王，率眾說明晉朝征討匈奴劉氏。務勿塵病死後，段匹磾的哥哥疾陸眷在叔父擁立下承襲大單于封號。可見，有個好爹才是硬道理。

段匹磾一直不贊成兄長與石勒休戰的作法，於是，打算自立爐灶，遣兵準備和石勒好好玩一玩。常勝將軍石勒也許是老了，竟然破天荒的嚇得渾身發抖，就派人給段匹磾堂弟段末杯送禮。吃人嘴軟，拿人手短，段末杯還想打自己的小算盤，於是就開始挑撥離間，結果堡壘往往從內部被攻破，鮮卑主力退了。

東晉朝廷方面，權臣王敦派人密告段匹磾，讓他殺掉劉琨。段匹磾外迫於王敦，又內懼屬下造反，就聲稱皇上詔旨，下令誅殺劉琨。段匹磾遣兵士闖入，縊殺劉琨，時年四十八。同時遇害的，還有劉琨的子侄四人。由於當時晉廷還要依仗段匹磾抵拒石勒，沒有立即爲劉琨正名舉哀。

塞翁失馬，焉知禍福。殺劉琨成了段匹磾一生最大的敗筆。段匹磾殺掉劉琨後，樹倒猢猻散，段匹磾又趁機進攻段末杯。石虎乘段氏兄弟互攻之際，乘間掩襲，最終把段匹磾包圍於薊城。段匹磾也想逃生，卻被手下勸阻，結果救兵遲遲不來，只好束手就擒。

段匹磾被引渡回國後，被石勒軟禁，常常也被石勒「請出」參加趙國的「朝會」。段匹磾總是以晉朝忠臣自居，從不向石勒下拜。以石勒、石虎這樣的流氓習氣，竟也不敢對段匹磾下手，可見這位鮮卑大人的威武和人格魅力絕非常人可比。石勒忍耐了一年多，見無法降服，只好派人殺掉了段匹磾。

雖然現在很少聽到雞叫了，但「聞雞起舞」、「中流擊楫」，仍然是中國人耳熟能詳的典故。兩個典故的主人公祖逖年少喪父，生性豁蕩，輕財好俠，慷慨有節尙。祖逖已經預見國中將有兵災變起之日。看來，如果祖逖能活到現在，就弄個布幡了，上面寫上「鐵口神算」，說不定生意還真不錯呢。

「八王之亂」後，晉室徹底陷入了混亂。是金子總要發光的，西元三一一年，洛陽陷落。祖逖領著親族鄉黨數百家避亂。一路之上，祖逖躬自步行，把自己的車馬讓給老弱疾病的人，衣糧藥物施予有急之人。逃亡途中多遇盜賊險阻，祖逖應付自如，顯示出極強的組織、領導才能，被同行諸人推爲「行主」。

作爲一時人傑，大英雄祖逖常懷恢復之志。他本來完全可以在江南依附司馬睿，求田問舍享清福。然而，他毅然出發，率先前和他一起南渡的宗族部落百餘家，從京口北渡長江。行至中流，祖逖拔劍而起，眼望茫茫大江，敲擊著船楫說：「祖逖不能清中原而復濟者，有如大江！」辭色壯烈，眾皆感奮。

渡江之後，祖逖也開始成立自己的小公司。長江以北地區屬於大亂過後的三不管地區，各處流民和當地住民紛紛成立小公司，自封刺史、太守，看誰力量大就依附誰，十分混亂。祖逖縱橫捭闔，擊敗擊降塢主張平、樊稚等人。公司越來越大發，漸漸的，吞併了許多小公司。

西元三一九年（東晉元帝太興二年），祖逖與後趙兵在浚儀大眼瞪小眼，緊張相持四十天，糧草精光。祖逖派人用砂土假裝大米，運至晉兵據守的東台。然後，他又派數人挑著真正的大米，佯作歇息。後趙將領以爲全是上好的大米，推斷晉軍糧食充足，於是自然心中洩氣。

石勒遣大將組織了浩浩蕩蕩的驢兵運糧部隊，支持浚儀城西台的後趙兵。祖逖卻打了人家的伏擊，奪了救命的糧食，後趙兵都餓暈了，只好退走。此後，祖逖軍將多次出兵攻打石勒的後趙軍，使石勒的力量在河南一地迅速萎縮。由於有祖逖在，號稱攻無不取、戰無不勝的羯胡石勒灰溜溜的。

自古好人沒有好下場。祖逖兢兢業業爲東晉攻城掠地時，東晉朝廷怕他擁兵自重，派人牽制祖逖。前人栽樹，後人乘涼，祖逖心眼再寬，也不會舒服。當時，東晉朝中王敦與劉隗交惡，互相攻訐。祖逖深知內難一起，北伐大業會因之擱淺。所以雖然惱怒，但仍然帶病加緊一切軍事準備工作。

西元三二一年十月，天文有變，「妖星見於豫州之分」。古人迷信，病入膏肓的祖逖也識天文，夜中他仰視星空，嘆息道：

「此星是應在我身！本想進軍平定河北，而天欲殺我，這是對國家不利的徵兆呵。」

幾天後，滿懷遺憾，祖逖病亡，時年五十六，從此，他再也不能聞雞起舞了。

＊微歷史大事記＊

晉懷帝永嘉二年（三〇八），晉惠帝之弟司馬熾即位，即西晉懷帝，西晉成立。

西元三一三年，劉聰殺晉懷帝。

西元三一八年，劉聰殺晉湣帝。

西元三一八年四月，平陽城內宮殿大火，燒死龍子王孫共二十人。

西元三一八年七月，劉聰暴亡，太子劉粲繼位。

西元三一八年九月，靳准殺劉粲。

西元三一八年（東晉元帝太興元年），劉曜稱帝，改元興初。

西元三一九年夏天，劉曜變漢為趙，是為十六國中的「前趙」。

西元三一九年（東晉元帝太興二年），祖逖與後趙大戰。

西元三二一年十月，祖逖病亡。

西元三二九年，石勒殺劉曜，前趙滅亡。

第四章

後趙石勒

從奴隸到皇帝

石勒，字世龍，原名訇勒，上黨武鄉（山西榆社）出生的羯族人。石勒的祖父，根據《晉書》中記載，名字是耶弈于，與石勒的父親「並爲部落小帥」。由於內遷日久，到石勒這輩，已經完全淪落爲替當地漢族地主扛長活的傭工。

石勒這個苦孩子，小時候，除相貌怪異外（羯人高鼻深目），沒有什麼特別過人之處，只是在累得要命回家吃飯時，蹲在茅草房的炕角，端著大碗，常常向母親抱怨說自己聽到有戰馬嘶鳴、金鼓擂擊之聲。石母不以爲然，勸他說：「你幹活太累，耳鳴罷了，不是什麼不祥的徵兆。」

晉惠帝太安年間（三〇二至三〇三），並州地區發生饑亂，石勒和當地和他一樣身分的長工短工紛紛逃亡，去找能管飯吃的新雇主。當時，各地兵將趁亂紛紛捆縛流散胡人，賣去外地賺幾個小錢花花。眼見陽曲一帶軍人四處抓人，石勒便想去納降都尉李川那裏投軍，當兵雖苦，總是持槍掄刀抓人的主兒。

投軍路上，石勒被賣給茌平人師歡爲奴，天天耕作，挑水挖田，雖累得要命，畢竟有口飯吃。石勒爲人有力氣，腦筋活，師歡也很信任他。石勒以自己能相馬爲名，找機會同管理馬場的魏郡馬頭汲桑搭話。兩人漸漸成爲能在一個炕頭喝酒的朋友（石勒以賤奴身分，能和馬頭汲桑說上話，確實不容易）。

這年月，人真的不是人。田主師歡又把石勒轉租給武安的地主。也怪石勒運氣

不好，半路又被一幫搶掠賣人爲生的軍士抓住，捆在當地準備弄到集市賣掉。湊巧荒野裏有一群鹿馳過，嘴饞的兵士們都想吃烤鹿肉，一群人縱馬撒丫子都趕過去追逐鹿群，石勒掙脫繩索，僥倖逃脫。

真是兔子逼急了都會咬人。歷經大險，石勒終於想通，爲人當牛做馬做順奴，只能被動地像牲口一樣任人奴役，不如自己武裝起來幹一場，大不了是個「死」字，反正也死了不少回。於是，他偷了匹馬，招集小哥們，一幫人號稱「飛天十八騎」，四處搶劫搜掠富戶。做起了「劫富濟貧」的勾當。

看來官匪勾結是歷史悠久的。當時那麼亂的世道，官府自己顧不了自己，石勒如魚得水，把大批搶劫得來的珍寶送給馬師汲桑，結交這個地方勢力。石勒不僅不騷擾自己的養馬場，還把其他皇家馬場的好馬成批地趕來孝敬自己，汲桑一高興，就給石勒起名言字，因此，石勒的名姓字，皆是馬師汲桑所起。

英雄出於亂世。當時，正值「八王之亂」，司馬宗室開打，匈奴族劉淵在黎亭自稱漢王；成都王司馬穎的故將陽平人公孫藩自稱將軍。審時度勢之後，汲桑帶著石勒投靠了公孫藩，公孫藩大喜，拜石勒爲前隊督，進攻鄴城的西晉平昌公司馬模。汲桑、石勒兩個人這次押錯寶，公孫藩不久大敗被殺。

汲桑、石勒於混亂中逃出，在昔日的皇家牧馬場中東躲西藏，四處招聚亡命之徒，形成了一股不小的武裝。汲桑自稱大將軍，封石勒為掃虜將軍、忠明亭侯。在汲桑的指揮下，石勒率軍進攻鄴城，殺掉曾賣過他的東贏公司馬騰，戰役節節順利，竟也接著渡過延津，進攻兗州（今山東鄆城）。

司馬穎命兗州刺史苟晞討伐汲桑、石勒。苟晞一點也不狗稀，這位號為「屠伯」的晉將用法嚴酷，運兵如神，數月之間，汲桑、石勒部眾被殺一萬多人，二人慌忙間想投附匈奴劉淵。半路又遭晉朝冀州刺史丁紹襲擊，石勒、汲桑兩人失散。石勒逃往樂平。汲桑就沒那麼好運，半路被晉朝的「乞活軍」斬於平原縣。

石勒果真是個人中龍鳳。窮急窘迫之中，石勒恨不得立時投奔至劉淵的匈奴營中，但單槍匹馬空手見人說不過去，於是，石勒在上黨說服「擁眾數千」不知所從的兩部胡人一起去拜見劉淵。不到一年時間，石勒從一個傭耕的奴隸搖身一變，成為劉淵手下尊貴的王爺和擁眾數千的地方武裝大頭目。

西元三〇八年，劉淵稱帝，遣使授石勒持節、平東大將軍、平晉王。從前是小打小鬧，扮家家酒一樣的瞎打瞎混，如今真有個「皇帝」封自己為王，可以想像石勒的興奮是何等異乎尋常。從此，真的可以青史留名了。

石勒雖替匈奴漢國攻城掠地，但和劉氏家族的兵將不同，他很少殘殺當地居民。這個人不但心地很寬厚，而且還很有心眼。攻陷冀州後，石勒把各地的讀書人安置在一起，號爲「君子營」，成爲爲他出謀劃策的智囊班子。

飛龍山戰役，晉朝幽州刺史王浚派遣的鮮卑頭領務勿塵（段匹禪之父）等率領的鮮卑、晉朝聯軍共十餘萬，把石勒打得雞飛狗跳。這是轉戰之中百戰百勝的石勒唯一遭受的較大的挫敗。即便如此，石勒也未傷元氣，轉而進寇信都，殺掉晉朝冀州刺史王斌。一掃晦氣，又取得了一次大捷。

石勒大發淫威，配合劉聰的兒子劉粲大打出手，之所以如此賣力，是因爲匈奴劉聰繼位後，又贈石勒征東大將軍、並州刺史等一大堆頭銜。石勒一是爲在新主人面前掙面子，二是爲自己爭地位，擴充軍隊，才如此。謀士張賓有遠謀，勸石勒北還。正在興頭上大獲勝利的石勒忘乎所以，不聽。

西晉懷帝永嘉五年（三一一）四月，石勒聽說東海王司馬越憂急病死，而司馬越帶出的二十多萬朝中卿相將軍士兵以及隨軍家屬，擁著他的大棺材向東撤退，準備到東海（山東郯城）爲司馬越歸葬。便於五月間親率輕騎包圍了這支送喪大軍，六個宗室王爺以及數十朝廷高官皆成爲石勒的階下囚。

石勒得意地望著這些衣冠飄飄、甲胄華麗的士族、王爺們，現在都垂頭喪氣地坐在大帳前的草地上，等候自己發落，興奮得痛飲數杯美酒，然後得意洋洋地向王衍詢問晉朝衰亡的原因。那些軟骨頭們紛紛撇清自己。唯獨襄陽王司馬範，仍舊擺出一副王爺樣，見司馬家有此等人物，石勒也肅然起敬。

王衍是晉朝少有的美男子，此人還是魏晉之際非常有見解的大哲學家，是成語「信口雌黃」的主人公。王衍自己很清高，清高的連錢字都不願意從自己口中說出。有一回他老婆想試試他，讓丫環在夜間用錢把他的床圍住。王衍早晨起身，對丫環高叫：「把這些東西拿走！」

據說英雄狗熊能從骨頭上看出來，石勒十四歲時在洛陽城被王衍識破英雄骨相，差點被殺。但親眼見到這位望重人雅的晉朝太尉，草莽英雄石勒也不由自主地敬佩。王衍見這個殺人魔王很好說話，爲了更加討好，就勸說石勒稱帝。不料，這下子拍到了馬蹄子上，釀成殺身大禍。

對於這些大晉朝的「人樣子」們是殺是活，石勒一時間還真下不了決心。後來石勒聽從小兄弟孔萇勸說，派兵士把其他人都宰了，只留下王衍和司馬範，把兩人單獨關押在一間磚房裏，「使人夜排牆殺之」。古人總覺全屍而死是施惠於人，其實，與其在磚石土瓦間屈憋窒息而死，還不如一刀斬頭來得痛快。

獲取大功的石勒在許昌屯兵不久，聽聞晉朝大都督苟晞在蒙城擁立晉懷帝的兒子豫章王司馬端爲皇太子，這下子觸到了心頭的疼處，便馬上帶兵出發，經幾番惡戰，俘虜了這位曾威風一時並大敗石勒老上司汲桑的儒將。一個多月後，石勒見苟唏這個人並不「狗稀」，只好殺掉他。

攻無不勝、戰無不取的石勒開始把眼光轉向一直對自己勢力形成嚴重威脅的友軍——匈奴漢國的大將軍、齊公王彌。王彌是典型的官二代，父祖均爲太守級別的官員，家世清白而顯貴。會值八王相攻、天下亂成一鍋粥的時候，這位士大夫出身的賊頭竟也拉起一竿子兵進逼洛陽，當時晉朝軍隊還有反擊能力，一下子就把王彌打敗了。沒辦法，只好逃到匈奴五部首領劉淵（當時劉淵已稱漢王）屋簷下，吃人家的飯，受人家的管。

王彌加入劉氏集團後，非常賣力，經過幾番鏖戰，他和劉曜、石勒攻破魏郡、汲郡、頓丘，陷五十餘壁。在與石勒合力進攻鄴城時，王彌又獲大功。接著，王、石二人又合軍攻陳郡，大破東海王司馬越的晉軍。

天下萬物，相剋相生，王彌可稱是晉朝的剋星。匈奴劉曜與他合軍，一直打到京城。當時京城遭遇大饑荒，老百姓沒有吃的，只好人吃人。這樣的城市能守多久啊，不久就被兩軍攻進來了。可是王彌、劉曜卻因掠城分贓不均，又狗咬狗起來，王彌就此與劉曜結下梁子。

爲了避免以後沒人替他說話，王彌就派人給石勒送去了大批美女寶貨以示友好。

聽說石勒生擒荀晞並以之爲左司馬，王彌也去信慶賀。石勒雖是沒讀過什麼書的大老粗，但智略一點不比士人出身的王彌低半分，他持信對謀士張賓說：王彌黃鼠狼給雞拜年，沒安好心啊！

石勒也已經看王彌不順眼了，當正和乞活軍（因饑荒而外出求食的軍隊稱「乞活軍」）打架的王彌向石勒搬救兵時，謀士張賓勸石勒：「您常憂慮沒有除掉王彌的機會，現在正是天賜良機。」石勒一聽大喜，率大軍襲擊與王彌交戰的劉瑞，並割了他的頭送給王彌。這個糖衣炮彈一下子把王彌炸暈了。

西元三一一年年底，石勒派人拿著厚禮，請王彌在已吾縣公款消費。王彌手下勸阻主公不要輕出赴「鴻門宴」，王彌根本聽不進去。加之石勒是多年並肩作戰的老戰友，又剛剛幫大忙殺掉自己的敵手劉瑞，王彌興高采烈地只帶幾個隨從就去赴宴了。豈不知這一次可是：肉包子打狗，一去不回了。

石勒殺掉王彌這位與自己逐鹿中原的潛在對手後，又惡人先告狀，上表劉聰，說王彌叛逆，已被斬首。劉聰也不是個省油的燈，他看出了其中的花樣，大罵石勒，但罵歸罵，用人之際，王彌死都死了，以後還要依靠石勒，只好違心嘉獎。

人家撿到錢，晉臣劉琨卻撿到了與石勒失散多年的母親王氏以及他的堂侄石虎

（即日後的大魔頭石季龍）。拾人不昧的劉琨派人把石勒母、侄送還，並趁機寫信勸降石勒。雖然很感謝劉琨，但石勒仍不爲所動，爲報答劉琨送母送侄之情，石勒回饋劉琨名馬、珍寶一批，又重謝了使者。

石勒在葛陂修整兵馬，整造大船。假如不是老天爺搗亂吧，連下三個月的大雨，他還真是有極大的可能一舉攻克江南琅琊王司馬睿的根據地的。石勒所率人馬，絕大部分是北方人，到南方本來就水土不服，戰鬥力下降。又趕上連月大雨，軍中瘟疫流行，糧食斷絕，病死以及餓死的兵士將近一半。

石勒這個老狐狸這邊撤兵，那邊卻故意派兵做出進攻前鋒的姿態。可惜派出的石虎剛剛出道，戰爭經驗不足，見江邊晉軍運糧船新到，與左右將士貪念船中軍資，爭相攻搶。不料晉軍在江邊設下埋伏，在巨靈口大敗石虎一軍。可見，貪心是能要人命的。

石勒這下子慌了神，趕緊撤丫子往後撤。回軍路上，由於晉軍採取堅壁清野的戰略，石勒軍中無糧，軍隊中又開始上演人吃人的悲慘一幕。後來拼命終於一步步挪到了東燕，蒙老天眷顧，石勒出奇兵奪取晉將向冰的戰船，把軍隊整船整船地運送過河，然後前後夾擊，大敗向冰，奪取大量軍糧和物資，終於挺過難關。

石勒在襄國屁股還沒坐熱，便遭遇了來自晉朝幽州刺史王浚派來的鮮卑聯兵。

當時襄國什麼都沒有，石勒軍卒只能修築臨時隔城抵禦。總這樣破綻百出的抵禦也不是辦法啊，石勒火了：橫豎都是死，給他拼了，命孔萇等將率兵從突門衝出，大敗聯軍，還生擒了段末杯。

鮮卑將領陸疾眷被嚇破了膽，又是送戰甲戰馬，又是送金銀珠寶，打算與石勒講和，想贖回被俘的段末杯。由於鮮卑是胡人，嗜殺，打架不按常理出牌，只要犯到他們手裏，除了殺就是死，由於痛恨鮮卑屢次殺戮兵士，石勒手下人紛紛勸說石勒殺掉段末杯以挫鮮卑之銳氣。石勒不願意。

在這場戰鬥中，石勒又打敗並殺死了乞活軍首領李惲，因爲抵抗自己，石勒要把降兵全部殺掉。當石勒騎馬從俘虜跟前走過，忽然發現從前一直善待自己的老雇主郭敬。石勒又驚又喜，立拜郭敬爲上將軍，準備坑殺的數千人一併免死，歸爲郭敬統領。善有善報的事，終於在老實人郭敬身上體現了一回。

晉湣帝建興元年（三一三），石虎大軍攻克鄴城。石勒讓他在那守著，也開始有了另起爐灶的意思。不久，他又利用晉臣劉琨和王浚之間的矛盾，襲殺了王浚，佔據了幽州。接著，石勒軍又連破晉臣劉演、溫嶠等人，並鎮壓了河間等地王春的起義，大敗乞活軍王平，活捉了劉演的弟弟劉啓。

西元三一八年，漢主劉聰暴病而死。太子劉粲繼位不久，就被國丈靳准幹掉。石勒終於找到藉口，以討伐靳准爲名，率精兵五萬五千，進據襄陵北原。漢國宗室劉曜很快自立爲帝。可是看著石勒手底下兵強馬壯，也不得不討好石勒。

不久，漢國平陽內鬨，靳准被堂弟靳明所殺。靳明等人不僅沒有就近投降石勒，反而派人送傳國玉璽於劉曜。這不是擺明了看不起人嗎？石勒聞訊大怒，揮軍進攻靳明。靳明好不容易從平陽突圍，乾脆徹底投靠劉曜。這下石勒更加抓狂了，攻入平陽後，把都城宮室燒成灰燼。至此，石勒與劉曜已經到了公開決裂的邊緣。

劉曜不久把國號從漢改爲趙，史稱「前趙」。出於禮貌，石勒派王修爲使，前去奉賀。劉曜剛稱帝，很需要石勒的支持，準備封贈石勒爲太宰，進爵趙王。劉曜的手下曹平樂從前跟隨石勒，得罪過他，怕他秋後算賬，就說石勒其實是以王修爲間諜，劉曜大怒，追還前去加封石勒爲趙王的使臣，並把使臣王修斬於來路。

石勒聽說使臣被殺，惱得一蹦三尺高，召集群臣，公然宣布與劉曜反目。要說也是，別說人家是真心朝賀，就算是真的間諜，也不能僅憑一面之詞吧，總得給別人個辯解的機會吧？哪有這樣不問青紅皂白的。這下子惹出事了吧。人家石勒說了：只能你當皇帝嗎，我也能，我爲趙王、趙帝，全看自己的歡喜！

石勒手下眾將謀士也都摸準了石勒的心思，上書勸石勒稱尊號。石勒假意推讓一番，於西元三一九年（晉元帝太興二年）稱趙王，依春秋列國紀元，改稱趙王元年。石勒稱王後，減百姓一半田租，嚴禁兵士欺侮衣冠華族士人，並在襄國都城內立小學十餘所，崇文敬教，並鑄造趙國自己的豐貨錢。

石勒也有厚道的一面，並非是因小事動輒殺人的魔王。石勒聞知漢人參軍樊垣清貧有操守，便授其爲章武內史，外派爲官。樊垣辭行時，石勒見這位大儒衣冠破舊，渾身襤褸，大驚而問：「樊參軍怎麼窮到這個樣子？」樊垣生性淳樸直率，順口回答說：「我臨來的路上遇見一夥羯賊，把我全家搶個精光。」石勒聞言大笑，賞賜樊垣車馬衣服錢三百萬。

稱王之後，石勒派人把武鄉老家的鄰居故舊相好都接到襄國，歡飲笑語平生。卻發現年輕時爲了爭麻池，天天與自己打鬥的老鄰居李陽沒來，石勒對家鄉父老說：「爭麻池是布衣之恨，現在天下都是我的了，我怎會計較從前那種小事呢？」他馬上派人把李陽請來，聚眾歡飲，又賜李陽甲第一區，拜參軍都尉。

石勒還算是個好皇帝，讓趙國境內的人民在兵荒馬亂之後得到喘息。同時，石勒和河南的晉臣祖逖也修書示好，雙方罷戰了好一陣子。石勒雖然是個大老粗，但重視教育，常親自到大學、小學去視察，賞賜學士老師衣物。行軍打仗的時候，他也常讓儒生讀史書給他聽，並往往做出超出常人的議論和判斷。

東晉元帝太興四年（三二一），石勒大顯神威，派兵進攻晉朝幽州刺史段匹磾，並生俘了段氏兄弟。轉年二月，石虎也在泰山攻打降而復叛的晉將徐龕，西元三二三年，石勒軍隊又進攻東晉青州守將曹嶷。三二四年，石勒軍隊又攻取了東晉的下邳、東海和彭城等地。這一次，石家大秀肌肉，取得了不俗的戰果。

西元三二五年六月，石勒大將石生佔據洛陽後，進攻東晉的司州刺史李矩。李矩打不過他，就派人向前趙的劉曜投降。劉曜派中山王劉岳率一萬多精兵馳援，並在孟津和石梁打敗後趙軍隊，俘殺五千多人。石勒一看，這前趙又這樣不給自己面子，那還了得。至此，前趙後趙完全撕破臉面，公開交戰。

石勒怒火中燒，派石虎去給前趙一點顏色看看，前趙中山王劉岳打不過石虎，大敗，退守石梁。劉曜親率大軍增援，可是夜中軍營多次無緣無故地起亂子，無故潰亂，劉曜以爲是老天爺對他有意見，只得撤回長安。最後，石虎攻克石梁，劉岳等前趙將領八十多人，乖乖地做了石虎的俘虜。

石勒想要徹底滅了前趙，於東晉成帝咸和三年（三二八）派兵攻打劉曜。可能老天爺睡著了，剛一開始，石虎就被打敗了。前趙乘勝前進，只是他們的將領看來還是個糊塗蛋，沒有直接撲向襄國，而是包圍了洛陽。石勒就孤注一擲，親自率兵與劉曜決戰。這一次，石勒大勝，殺了前趙皇帝劉曜，滅了前趙。

滅前趙之後，當然是一輪的論功行賞。東晉成帝咸和五年（三三〇），石勒稱大趙天王，行皇帝事。不久，他嫌不過癮，索性直接稱帝，改元建平。至此，中國北方幾乎全部歸於趙土，此後，一直到石勒去世，後趙與東晉也沒有特別大的戰事，雙方以淮水爲界，暫時休戰，各回各家。

滅前趙，稱皇帝，石勒的後趙達到了鼎盛時期。誰敢不服。得意之際，一次石勒酒酣之餘，問身邊的近臣徐光：「朕與古代君主相比，能和誰相仿呢？」徐光當然撿好聽的話講：「陛下神武籌略比漢高祖劉邦還高，雄藝英武可比魏武帝曹操，有史以來，軒轅皇帝第一，陛下您排第二。」

石勒聽徐光把他排在軒轅之後，大笑說：「你這個馬屁拍得也太響了。我還是有這個自知之明的，我可不能和曹操、司馬懿相比，他們都不正道，取天下淨是欺負人家孤兒寡母，我最多就在劉邦劉秀之間吧。又怎能與軒轅皇帝相提並論呢？」群臣皆頓首稱萬歲。心服，口服，不得不服。

石勒稱趙王後，其心腹謀臣張賓已經去世。石勒當時難過得要命，哭嘆說：「老天不欲我成就大事，怎麼這麼早就奪去我的右侯呵！」後來，他與謀士徐光、程遐等人議事，常常覺得這些人水準太低，因此更是時時感嘆張賓死得太早。看來要想被老板永遠記住，那只有一個辦法啊，那就是：早死！

石勒後期，繼承人問題也是他很糾結的事情。因爲太子石弘自小跟隨漢儒學典籍，太文質彬彬、太娘了。想起自己的太子平素親近文士，石勒對這樣一個不喜武功的太子很擔憂，總覺得不像自己這樣勇猛。但手下秘書徐光卻說，打天下要靠戰爭，可是治天下卻要靠學問啊。石勒聽了很高興，覺得很有道理。

右僕射徐遐是皇太子石弘的親舅，他更加擔心國家的安危，也向石勒進言：石虎這個人，勇敢也有智慧，大家都比不上，只是他就像一隻狼，太兇殘，而且他的兒子也都掌管兵權，你活著能控制他，你要是死了，就麻煩了。這多麼有遠見啊，可是石勒不聽，認爲大家是杞人憂天，何況現在還要依靠石虎。

東晉成帝咸和七年（西元三三二年）八月，石勒病重，石虎怕石勒死後，在外擁有重兵的宗室造反，矯詔宣秦王石宏、彭城王石堪回襄國入宮侍疾。石勒迴光反照，看見石宏大驚道：「朕讓你提兵在外擁有強藩，正是預備我病亡後發生萬一之事。是誰宣召你入京啊？如果有人宣召你，馬上派人殺掉他！」

石勒可以說是十六國期間非常有魄力的帝王。石勒雖文盲出身不識書史，仍喜讀史書，以史爲鑒，還處處向西漢學習，處處爲老百姓著想，減輕境內人民負擔，後趙所收租稅爲曹魏以來最輕。他還注重人才培養和教育制度的建立，並首創了秀考試經制度，舉賢薦能，開一代良好的學風。

＊微歷史大事記＊

西元二七四年六月廿六日，石勒出世。

西元三〇八年，劉淵稱帝，遣使授石勒持節、平東大將軍、平晉王。

西晉懷帝永嘉五年（三一一）四月，石勒俘虜晉國六個宗室王爺以及數十朝廷高官。

晉湣帝建興元年（三一三），石勒侄兒石虎大軍攻克鄴城。

晉湣帝建興四年（三一六）底，石勒大敗劉琨。

晉大興二年（三一九年）十一月，稱趙王。

東晉成帝咸和五年（三三〇），石勒稱大趙天王，行皇帝事，不久，自立為帝。

東晉成帝咸和七年（西元三三二年），石勒病死。

第五章

東晉建立

一個偉大時代的開啟

從魏晉以來，在社會政治上，有兩種勢力在互相激蕩。一種是世家大族的勢力，他們依據一定的門第和仕途，把持中央與方鎮的政治權與軍事領導權，享有種種特權。另一種是寒門庶族的勢力，他們社會地位低微，只能靠軍勳起家，或由寒吏入仕。所謂「上品無寒門，下品無勢族」，就是高門士族與庶族寒門之間在政治、社會地位上存在著巨大差別。

東晉是門閥士族社會，王、謝、庾、桓四大士族的權勢，實際凌駕於皇族司馬氏之上。但是經過東晉末年孫恩、盧循起義的打擊，東晉的門閥士族勢力開始走向衰落；而隨著南方社會經濟的發展，庶族寒門的勢力卻在不斷上升。南朝四個王朝的建立者，都是「崛起寒微」，建立軍功的貴族。他們的當政，又爲這個變化準備了重要的條件。

南朝時期的高門士族，他們雖然在政治上喪失了統治權，但是如百足之蟲死而不僵，在社會上仍享有很高的地位。多數高門士族好像生活在桃花源裏，以政治超脫爲高，以勤勞國務爲羞，只知道裝瘋逗樂，吟詩作畫，不知道民不聊生，完全墮落爲社會的寄生蟲。

東晉的第一任ＣＥＯ是司馬睿，字景文。他是司馬懿曾孫，但以晉武帝一系的血緣上講，這位爺屬帝室疏宗。假使沒有「八王之亂」時晉家血親的自相殘殺，假使不

是石勒在寧平城和洧倉殺掉了五十四個司馬皇族的王爺，再怎麼輪，也輪不到這位琅琊王司馬睿當皇上（雖然他和惠帝、懷帝同輩）。

晉惠帝在位早期，天下亂成一鍋粥，國事也多如牛毛。當時的侍中嵇紹（嵇康之子，晉朝大忠臣）竟然會看相，曾對人講：「琅琊王毛骨非常，殆非人臣之相也。」估計嵇侍中是厚道人，沒有大肆張揚，否則，當權的幾個司馬王爺中若有一個萌起殺心，一道詔旨就會把司馬睿這麼一個疏宗王爺送上西天。

西元三〇四年（惠帝永興元年），蕩陰之戰後，成都王司馬穎把惠帝挾持到鄴城。司馬睿的親叔叔是東安王司馬繇，他曾勸成都王對其兄惠帝應盡人臣之禮。成都王懷恨在心，加上他當時正和東海王司馬越交手頻頻，容不得有「異心」的人在身邊，便找了個藉口殺掉了東安王司馬繇。

親叔叔東安王被殺，司馬睿大懼，連夜出奔。當夜，月明星稀，光白如晝，成都王司馬穎的追捕兵馬四處搜捕，這位琅琊王像沒頭蒼蠅一樣東碰西撞。忽然，天氣乍變，忽下暴雨，捕快們紛紛馳入遮掩處躲雨，使得兔子一樣狂逃的司馬睿終於得機跑出了鄴城。看來是老天爺在有意照顧呢。

司馬睿在黃河邊被守衛渡口的軍兵堵住。幸虧他的隨從宋典從後疾馳而來，笑著對戰戰兢兢的司馬睿說：「舍長（看房小吏），官府禁止貴人出入，怎麼你這樣的人也會被阻攔呵。」言畢，宋典不慌不忙，策馬慢行。巡河的軍兵聽此言，又見馬上人一身普通裝束，確信司馬睿不是什麼人物，就揮手放他過去。

西元三〇五年，晉惠帝永興二年，東海王司馬越派與自己一個派系的琅琊王司馬睿留守下邳（今江蘇睢寧），並派手下參軍王導給司馬睿當助手。東海王擁立晉懷帝後，於西元三〇七年派司馬睿獨當一面，坐鎮建鄴。後來晉愍帝繼位後，遙授遠在江東的琅琊王司馬睿爲左丞相。這東海王司馬越還是個皇帝製造機呢！

司馬睿初到江東，面對孫吳舊政權留下的強宗大族，胡蘿蔔加大棒，又打又拉，招納了顧榮、賀循等當地望族名士，又平定了孫弼和杜宣的叛亂，最終在當地站穩了腳跟。

晉懷帝永嘉五年，匈奴漢國軍隊攻陷洛陽，大批中原士族恨不得插上翅膀，紛紛南渡，攜家帶口，成族成宗地一窩蜂狂逃，紛紛避難江東。在此情況下，司馬睿在王導的輔助下舉賢用能，羅致了不少人才，爲江南積累了一大批懂政治、善管理的傑出人才。

長安陷落前，十七歲的少年天子司馬鄴深知自己難逃被俘的命運，派平東將軍宋哲捎信給司馬睿，表示自己死後，讓他「攝統萬機，還據舊都，修復陵廟，以雪大恥」。晉愍帝司馬鄴被匈奴劉曜俘擄後，西元三一八年四月，愍帝被害消息傳來，司

馬睿繼帝位，改元太興，是爲晉元帝，東晉王朝正式建立。

「王與馬，共天下」。江東地區，在司馬睿到來之前，江東原有的世家大族仍舊非常強大。晉惠帝、晉懷帝時期，陳敏、錢璯等人相繼叛亂，江東大姓周玘動員世家大族，出錢出力出人，配合西晉政府軍隊，接連平定了這些人的謀亂，時稱「三定江南」。爲東晉後來在江東的統治，營造了一個比較安定的政治局面。

當初，在東海王司馬越和太尉王衍掌權期間，王氏家庭重要成員就已經被派入江南地區擔任關鍵職務。由此，可以明顯見出以王衍爲首的琅琊王氏早就有南渡的心理和物質準備。司馬越病死後，王衍本人雖被石勒殺掉，但王氏家族在江東已經握有實權和重兵。

王氏家族的頂梁柱當屬王導。司馬睿初到江東，當地「地頭蛇」對這幫北來「傖父」很看不起，北來諸人移鎮建康一個多月，也沒有多少當地人來投附。憂心忡忡之餘，王導想出一個主意：趁著秋季「禊祭」日，司馬睿本人坐在肩輿之上，大擺王家堂皇儀衛，使堂堂大晉的威儀展現於江南士著面前。

以風度、排場降服人心，這也只能是在魏晉時代可以做到的事情。這齣戲導演得很成功，加之對當地土著大姓代表加以高官厚爵，司馬睿終於在江南得到當地人的擁戴，立穩了腳跟。因此，司馬睿傾心依賴王氏，不僅僅由於王氏是他先前當琅琊王時自己封地內的望族高門，也有過江後王氏對他極力推戴的原因。

洛陽陷落後，面對滾滾而至的中州難民潮，王導老謀深算，又勸諭司馬睿大收人心，選擇其中的「賢人君子」加以任用，於是「荊、揚晏安，戶口殷實」。眼見擁戴自己的呼聲越來越高，司馬睿對王導倍加信任，情好日隆，號為「仲父」，並比之為「蕭何」（**司馬睿自己就是「劉邦」了**）。

司馬睿登基那天，莊嚴的儀式正在進行，司馬睿一開始還沒找到皇帝的感覺，出於真心的感激之情，他竟招手要站在殿上的王導「升御床共坐」。王導固辭說：「若太陽下同萬物，蒼生何由仰照？」司馬睿給王導這一點撥，才忽然感覺自己是「太陽」了，終於忽悠著大屁股安坐帝位，成為東晉的第一任國君。

王敦付出也自有回報，司馬睿並沒有把他拋到腦瓜後面，剛當上大掌櫃，便任命他為荊州牧，從此坐鎮荊州上流之地，手握強兵，掌統軍政實權。由此，當時人稱「王與馬（**指司馬氏**），共天下」，絕非虛言。由此可以看出，君與臣能否和諧相處，不但取決於臣的衷心，還取決於君的虛心。

一直以來，人們似乎覺得世家大族都是「公門有公，卿門有卿」吃白飯的主兒。其實，在東晉之初，正是王、謝這樣的大族在國家民族危亡關頭挺身而出，慨然渡江，身為士先，冒死而進，確實發揮了勇於承擔的帶頭作用。這些，對於他們門第的

進一步提升，也起到了至爲關鍵的作用。

雖然司馬睿政權對江東大族一直在給糖吃，還授給賀循等人太常、侍中這樣的「大官」做，但其實都是虛銜，沒有什麼實際的意義。司馬睿真正依靠的，不是這些「地頭蛇」，而是王導這樣的北來世族，並使他們多居顯位，執掌實權。他知道遠近親疏，更知道誰才是自己最可靠的依託。

得了隴自然就會望蜀，吃著盤裏的，肯定會想著鍋裏的。大族們有了政治上的優勢後，自然索求經濟利益，良田、美宅是他們必不可少的追求目標。但江南傳統富庶地區早就「名花有主」，當地土著大地主們數代經營，怎肯輕易把膏壤良田讓給這些踉蹌從北方跑來的高級難民？因此，南北士族之間的裂痕日益增大。

兔死狗烹從來都不會過時。管他是親是近，用著的時候可使勁地捧，用不著了，當然要狠狠地摔到地上了，司馬睿坐穩江東後，首先就想殺了周玘。「三定江南」中立有大功的周玘覺得是自己把司馬睿扶上寶座，乾脆想反了他娘的。由於謀劃不周，事情洩露，周玘幾個同謀紛紛被嗝屁。

司馬睿剛當上一把手，怕有不良影響，壓住此事不發，並把周玘攆得遠遠的去做官，眼不見心不煩。周玘也不傻，知道自己造反不成，已經成爲了老大的眼中釘，今生怕已翻不了身了，於是愁的得病而死。臨終，他對兒子周勰說：「殺我者，諸傖子。能爲我復仇，乃吾子也！」（吳人謂北方人為「傖」）

周勰倒是個孝順孩子，真的聽他爹的話，暗地聯絡族人及吳地世族，招兵買馬，打算造反，誰料虎毒竟食子，周勰的親叔叔周劄聽說後，認爲成功完全不可能，就向義興太守孔侃告變。坑爹啊！周勰聞信也沒敢動手。後來徐馥、孫弼、周續很快被殺，但司馬睿最終也沒有「窮治」此案。

既然已經對當地豪強示以「顏色」，北來的世家大族也明白不能過分激怒當地這些「地頭蛇」，便轉而向浙東一帶求田問舍，利用政府力量建立新地盤，並把勢力逐漸擴展到溫州、台州廣大地區。這樣一來，北來大族和太湖流域的吳地豪強之間的矛盾逐漸縮小，東晉政權的內部爭鬥得以冷卻下來。

王敦，字處仲，是王導的本家堂兄。這個人可不簡單，是個「官二代」不說，還是個有志青年，最厲害的是娶了晉武帝女兒襄城公主爲妻，是堂堂正正的駙馬爺。其性格豪爽不羈，尤其是王敦在石崇家宴飲，石崇派美人勸酒，王敦死活不給面子，就是不喝。石崇連斬三美人，人家王敦絲毫而不改色。

趙王司馬倫篡位時，王敦勸說他時任兗州刺史的叔父王彥起兵，立有大功。晉惠帝打回來之後，對王敦十分感激。後來懷帝繼位，仍然重用王敦。天下大亂之際，人家王敦絕對給力，把家中裏成公主隨嫁的美貌侍女百餘人皆許配給軍中將士，金銀寶物也給大家分完了。

東海王司馬越擅權時，拿王敦當「自己人」。司馬越手下的謀士諫勸說，王敦可不是一般人，不把他放在眼皮底下，恐怕他會擁兵自重。司馬越不聽。司馬睿繼位後，仍重用王敦。司馬睿在江東之所以能由魚化龍，王敦、王導出力最多，正是由於他們的忠心擁戴，他才能開得起東晉這個新公司，並擔任一把手。

魏晉世家大族都愛誇誇其談，但有志青年王敦卻是個傑出的軍事家。在揚州刺史任上，他就運籌帷幄，討滅反叛的江州刺史華軼。蜀人杜弢作亂，王敦坐鎮豫章，指揮得當，由他推薦的陶侃等人大施才華，最終擊滅杜弢。由此，王敦得封漢安侯，都督江揚荆湘交廣六州諸軍事，成爲東晉最大的軍區司令長官。

根據人性及歷史的必然，有了人事大權，王敦「專擅之跡」漸露，不僅不跟老大打招呼就私自提拔任用杜弢降將杜弘，而且還對據險自固的何欽等人授予四品將軍的官職。當然，假如王敦善終，這些小事情均可美稱爲「將在外君命有所不授」，但兵敗身死，史家自然把小事渲染成大事。

元帝也不太厚道，剛過河就拆橋。司馬睿坐穩帝座後，漸漸感覺王家勢力過大，畢竟「王與馬，共天下」的諺謠都傳入了自己耳朵裏面，不能不有所抑壓。特別是司馬睿的一些跟班，也常常以強化皇權爲藉口，不斷慫恿元帝打壓王氏等大族勢力。只是王家頂梁柱王導深知伴君如伴虎，所以只是默默忍讓。

王敦與東晉元帝司馬睿之間產生嫌隙越來越大，王敦覺得自己手裏握有槍桿子，又把司馬睿扶上老大的位子，所以聽說自己族人被人欺負，心中當然有火氣，便給老大寫信爲王導報不平。王導見王敦爲自己出頭，怕惹出事端，就把這份「報告」封還給王敦。王敦固執，復派人直接送達元帝司馬睿。

要是一般的報告，八成就由大臣處理，但王敦可是強人，他的疏奏當然由元帝自己親自覽觀。雖然王敦很是恭敬謙遜，但小弟向老大抱怨，老大心裏當然不快，就向譙王司馬承抱怨。譙王司馬承當然順承元帝之意，嘆息說：「陛下您不早下手，王敦必爲後患！」但元帝總是猶豫不決，拿不定主意。

晉元帝太興四年（三二一）秋，司馬睿開始動手了，他做了一番軍隊調動，名義上是防備後趙石勒，實際上，地球人都知道是爲了戒防王敦。偏偏其中一個將領劉隗又是個驕狂小人，總是像隻蒼蠅一樣時不時地噁心王敦一下，惹得王敦大怒，下決心要除掉這位沒事老給元帝出餿主意的得志小人。

朝廷方面，元帝也大玩心眼，表面上對王導加官進爵，實際上是以虛銜駕空。晉元帝永昌元年（三二二），王敦終於被劉隗惹火了，帶著兵以誅討劉隗爲名，向建康

進軍。王敦的心腹沈充立即在吳興起兵，回應王敦。行至蕪湖，王敦又上表，聲討元帝的另一位心腹刁協。

王敦在外，起兵倒是痛快。最倒楣的要數留在建康城內的王敦的堂弟王導。要知道，造反謀逆，最起碼三族都要被喀嚓了。王導擔驚受怕。這位大名士天天帶著在朝廷上班的王氏宗族二十多人，跪在宮門外待罪。一邊是王敦與大兵直殺建康，一邊是王導素服待罪，晉元帝司馬睿還真左右爲難，不知如何處理。

王導見尚書左僕射周顗入宮面君，就哀求他幫自己說情，周顗沒有搭理王導，可是入宮後，周顗向元帝盛稱王導忠誠，爲他作保。這位老兄真是中國歷史上罕有的大好人，如果換了別的大臣，肯定這邊滿臉悲憫，拍著胸脯大言要搭救「老同事」，入宮後，又會百分百自告奮勇充當抄家先鋒，不勸皇帝殺掉王氏九族才怪。

周顗這個人非常喜歡杯中物，一次，周顗與一位剛從北方逃難來的老友對飲，兩人喝掉二石酒，竟把對方活活喝死。此外，周顗雅望非常，以戴淵之豪放，在其座不敢多發一語；以王敦之俊爽，每見周顗都面紅耳赤，冬天寒日也要連連扇面。

周顗這個大名士與元帝商議好政事後，好喝酒的他又在宮中痛飲，盡醉而出。回家後，剛剛酒醒，就又親自給老大元帝寫信，說王導多麼多麼好，請求老大赦免。只是所有這一切，王導全然不知，認爲周顗不救自己，恨得牙癢癢。

西元三二二年四月，元帝下令讓王導帶兵去打堂兄王敦。同時，又下令征虜將軍周劄（吳中大族周玘之弟）守建康石頭城，以劉隗統軍守金城。元帝身穿甲冑，親自出城巡示諸軍，表示御駕親臨的決心。而這時的王敦大軍也已經從蕪湖沿江而下，很快逼近石頭城。一場大戰眼看即將開始。

周劄是江南舊族，跟晉元帝不是一夥的，本來就三心二意，所以也沒做什麼抵抗，大開城門讓王敦佔領了建康的軍事要地石頭城。一聽說石頭城被占了，元帝可慌了神，忙命幾路人馬合軍進攻石頭城，並令王導、周顗、郭逸等人三道並進，一齊出戰。所有這些人加起來也不是王敦的對手，大敗四散狂逃。

元帝這個大男人嚇得不得了。劉隗、刁協慌忙入宮，跪伏於元帝面前請罪。元帝讓他們出宮逃命。刁協年老，平時又對下人不好，一出宮，身邊從人就全都逃散，老頭子很快被人砍掉腦袋，送至王敦處邀賞。劉隗腳力健，連滾帶爬，晝伏夜行，最後跑到石勒的後趙避難，有幸撿得一條狗命。

此時，晉元帝司馬睿真成了孤家寡人，身邊只有值勤的安東將軍劉超和兩個太監侍立，靜待王敦兵士的到來。元帝脫掉戎裝，身著朝服，派人向王敦傳話：「公若不忘本朝，則天下尚可共安；如其不然，朕當歸琅琊以避賢路。」本來元帝得帝位就是僥倖，此話有七八成是真。

王敦要見老大，元帝沒轍，只得命手下一竿子公務員齊去石頭城拜見王敦。其實元帝自己是依靠王氏家族的扶植才當上老大的，王敦真把他廢掉，他也沒什麼話好講。當然，這位王大將軍也不失厚道。當初他擁戴司馬睿這位晉室疏宗爲帝，如今乘勝憑勢，完全可以幽禁廢殺司馬睿，但人家王敦愣是沒有下手。

表面上，事情至此告一段落。晉元帝下詔大赦，並封了王敦很多官銜，但王敦不給皇帝面子，怎麼都不接受。這時候，有人勸周顗外逃，被他拒絕。王敦手下的參軍呂猗，曾是戴淵的小弟，與戴淵有過節，也勸王敦殺掉周顗、戴淵，好公報私仇。王敦不知道事情的來龍去脈，很是猶豫。就向堂弟王導徵詢意見。王導想起當時跪於宮門之外，數次哀求周顗在皇上面前爲自己家族求情，周顗都不搭理自己的情形，始終對此耿耿於懷，於是默然無語。其實，王導不死，完全仰仗周顗呢。做好事不留名，後果真的很嚴重。王敦下令逮捕周顗和戴淵，隨便捏造個罪名，押到石頭城宰了。

周顗死後不久，王導在中書省翻檢他失勢時朝廷官員呈給皇帝的疏奏，發現了周顗爲解救自己而上的奏書，其中內容極力稱讚王導忠誠，千方百計爲他求情。此時，王導才知道自己做了小人。他拿著這奏書，後悔得恨不得殺了自己，對兒子們說：「吾雖不殺伯仁，伯仁由我而死。」「吾雖不殺伯仁」之典，即由此而來。

權力使人腐敗，極權使人極端腐敗。王敦重權在握，慢慢嘗到了權力的甜頭。他最寵信的，就是吳地大族沈充和他的老鄉錢鳳。凡有得罪沈、錢的官員，必死無疑。這兩個人土豪出身，欺男霸女，無惡不作，不管當官的還是老百姓，都恨得要命，都盼著他們早死。

西元三二二年年底，王敦帶著大部隊到了武昌，開始遙控朝廷。元帝司馬睿也不甘心被控制，但也沒辦法，不久，「憂憤成疾」，病重而死，時年四十七。元帝至死，王敦也沒有去朝見他。值得說明的是，元帝確實是病死善終，不是被毒死、刺殺、絞死或者暗殺。失勢君王中，元帝算是運氣比較好的一位。

元帝死後，王導受遺詔攝朝政，皇太子司馬紹繼位，是爲東晉明帝，改元太寧。東晉明帝剛繼位，王敦加強了篡位的準備步伐，他暗示明帝，要皇帝下詔徵召他入朝，以做到「名正言順」，然後再順水推舟，按部就班地過回皇帝癮。東晉明帝年輕果銳，親筆寫詔書讓王敦入京，這樣反讓王敦感到有些進退兩難。

王敦是想過把皇帝癮，但其宗族諸人並非一味跟隨。王導不必講，一直是以整個王氏宗族的安全爲最高利益，擁戴帝室。王敦堂弟王棱屢次勸諫，被王敦派人暗殺；另一個堂弟王彬也苦諫，差點被殺。荊州刺史王舒也是王敦堂弟，知道王敦要起事，馬上和王導站在一起，秘勸東晉明帝加緊準備，謀討王敦。

老天爺不站在王敦一邊，大事臨發的關鍵時刻，王敦卻病勢加重。錢鳳師爺與沈充等人商量，準備王敦一死即興兵作亂。東晉明帝年輕英果，才兼文武，不像他老爸元帝那樣窩囊。審時度勢後，決定先發制人，以司徒王導爲大都督，並命大臣溫嶠、郗鑒等人各領兵馬，下詔討伐王敦。

晉人非常迷信，王敦讓他的參謀郭璞算上一卦。郭璞本來就反對王敦起兵，就胡亂說他不會成功，並說如果造反，肯定有大禍，如果回武昌，則會長壽。還說自己今天會死。王敦懷疑郭璞一直與朝廷中溫嶠等人關係密切，聽說又是凶卦，堅信郭璞胳膊肘往外拐。王敦馬上命軍士殺了郭璞。卦還真靈！

西元三二四年（晉明帝太寧二年）八月，王敦又派大軍以誅溫嶠爲名，直奔建康殺來。假使明帝司馬紹是孱弱之主，王敦可一舉成功。但這位青年皇帝可不是一般人物，不但有勇有謀，而且果敢決斷。大戰之前，以萬乘之尊，明帝司馬紹竟能自己微服出行，偵察王敦的兵力部署情況。這份膽識，要是被打敗，老天都不同意。

明帝有鮮卑血統，黃鬚白面。聽兵士講，營盤附近有個長著金黃鬍鬚的人四處轉悠，王敦於病床上聞聲驚坐，忙派騎兵四出追捕。明帝上馬馳奔。一路上，他讓從人用冷水澆馬糞，追騎見馬糞冰涼，認爲敵人已逃遠，就不再追了。

王含是王敦的大哥，可龍弟鼠兄，才能相差甚遠。越城一戰，明帝屬下將軍段秀（鮮卑段匹磾之弟）以千把號人大敗王含，並斬殺前鋒何康。聽聞大哥出兵即敗，王敦大怒，本想強撐病體，親去前線指揮。無奈病入膏肓，剛坐起身就一陣眩暈，摔倒於床上。很快，王敦就病重身死，時年五十九。

《晉書》記載，王敦死前，表示要王應即位為帝，先立文武百官，然後再為他發喪。想來想去，這種說法讓人無法理解和解釋。王敦也不是傻子，明知道自己就要死了，不可能還思前想後，讓不爭氣的過繼兒子王應稱帝，那會招來滅族之災。所以，成王敗寇，敗者一方的「事蹟」只能由「勝利者」彙述了。

王應真是爛泥扶不上牆。形勢都火燒眉毛了，他既不明言稱帝，給部下一個當開國功臣的「盼頭」，也不為王敦發喪，更不思忖攻守謀略。這個敗家子真不知憂愁為何物，天天與手下幾個狎客縱酒淫樂。至於王敦的屍首，被這個不肖之子用蓆子包裹起來，外面塗了幾層厚蠟，埋在議事大廳地下。

晉明帝派出吳興人沈楨去誘降王敦的死黨沈充，並以高官厚祿引誘他。沈充在關鍵時刻非常像個男人，拒絕了明帝的「好意」，然後提兵直奔建康，率萬餘人與王含合軍。可惜沈充雖有俠義之風，卻不是打仗的能手。有人建議他挖掘玄武湖水倒灌建康，乘大水舟行而進，就能取勝。可是沈充沒主見，不聽。

就在兩軍相持之間，各地勤王兵馬紛紛趕到，尤其是臨淮內史蘇峻所率的兵眾，戰鬥力很強。沈充、錢鳳兩人一合計，覺得蘇峻等人遠道而來，兵將疲困，應該先發制人，便合兵主動進攻建康城。兩軍交戰，沈充等人還占了先機，把東晉軍隊打得節節敗退，一直追殺到宣陽門。

老天爺要是不向著誰，那勁頭可是非常大的。叛軍正準備攻城，本以爲遠來疲憊不能出戰的蘇峻等人，生龍活虎起來，一下子把沈充打敗了，手下兵士掉入江水中淹死的就有三千多人。還沒等喘口氣，又被東晉劉遐打敗一次。真悲情！最草包的當屬王含，好幾萬勁卒在手，只是三十六計走爲上，連夜燒營遁走。

王含帶著兒子逃往荊州，想投靠堂弟王舒。不料，迎接他們父子的不是熱酒美食，不是殷勤笑臉，而是冰冷的鎖鏈。六親不認的王舒把堂兄、堂侄鎖起，話也不多說一句，當眾扔入江中淹死，以「實際行動」與王敦、王含劃清了界限。錢鳳跑到闔廬洲，也被同一陣營的尋陽太守周光斬殺。

古語云：「有急莫投親舊。」沈充慌不擇路，闖入昔日手下吳儒家避難。吳儒一臉壞笑，把老上司沈充誘至複壁內，匡噹一聲把一大塊石頭擋在暗門外。他爬到高處，自上而下笑著向從前的恩將說：「我可得三千戶侯啦！」吳儒這個小人，一臉獰笑加冷笑，把沈充活活捅死在狹窄的夾壁當中，又割下沈充的腦袋封賞。

沈充是江東幾代大族，枝蔓繁廣，臨死之前讓親戚替他報仇，也並不是大話。但他自己萬萬想不到的是，替他報仇的不是沈姓親族，恰恰是他自己的長子沈勁。沈充之子沈勁命大，竟然在鄉人的庇護下撿得一條性命，逢上大赦，沈勁就又冒出市面，並果真率人把吳儒一家老小殺了個乾乾淨淨。

平定王敦之亂後，晉明帝司馬紹不久即病死，年僅二十七歲。雖然只當了三年左右的皇帝，史臣對他還是有很高的評價：「帝聰明有機斷，尤精物理。」皇太子司馬衍即位，年僅五歲，是爲東晉成帝。孩皇帝即位，明帝皇后庾氏以皇太后身分臨朝稱制，真正的權力都集中在國舅庾亮一人手裏。

庾亮這位皇上大舅執政才半年多，就藉口南頓王司馬宗謀反，作出了一個非常艱難的決定：殺了司馬宗。六歲的晉成帝有一天放學時，忽然問庾亮，「從前常常在殿中看見的那位白頭髮老爺子去哪裡了？」庾亮告訴外甥：「那個人謀反，已經被殺掉了。」「舅舅你說別人做賊，便殺之，如果別人說舅舅你做賊，又當如何？」

成帝咸和元年（三二六）年底，北方的後趙軍隊猛攻坐鎮壽春的祖約。祖約多次上表請求救兵，把持朝政的庾亮對此都無動於衷。直到後趙軍隊打到了跟前，進犯淮南諸地，直接威脅到建康政府的統治，庾亮等人才慌了神，趕緊派人去抵禦後趙兵。還算他腦子沒壞完，還知道保住自己要緊。

危急時刻，幸虧蘇峻派大將韓晃出擊，打跑了後趙石聰所率的羯族軍隊，危機暫時緩解。庾亮爲了防止後趙軍隊再來，又準備在江南防線內開挖大塘充水作沼澤，使敵軍騎兵不能順利的跑動。雖然這個辦法有利於防禦，但也無形中把壽春城給擱到外面去了，這下子本來就有意見的祖約，更加怨恨朝廷了。

庾亮這個傢伙過河拆橋得也太快了些，剛靠人家蘇峻解救了自己，就馬上想要削奪他的兵權。蘇峻大怒，就此下定謀反的決心。起事之前，蘇峻派人聯絡祖約。祖約一直對朝廷憤恨，馬上捎信給侄子祖渙、女婿許柳，讓他們協助蘇峻。

祖約其實是大英雄祖逖一母同胞的親弟弟，祖約一直怨恨滿腹，接聞蘇峻密書，高興得不得了，馬上加以迎合。溫嶠聽聞蘇峻拒命，便想立刻率軍趨衛建康。庾亮不予批准，回信說：「吾憂西陲（指陶侃），過於曆陽（指蘇峻）。足下無過雷池一步也。」後來的成語「不越雷池一步」即出自庾亮言。

蘇峻軍隊打一仗勝一仗。朝廷嚇掉了魂，京師戒嚴。朝廷授庾亮全權負責抵擋敵軍的進攻，命宗室左將軍司馬流帶兵屯駐慈湖以抵禦。司馬流是個軟骨頭、窩囊廢，本性又怯懦，膽小如鼠，仗還未打，吃東西就連自己的嘴都找不到了。蘇峻的部隊對付這樣的人物，那簡直是小菜一碟，於是一攻而捷，殺掉了司馬流。

眼見節節敗退，三軍總指揮庾亮自己不上前，又派大臣卞壺任方面軍統帥，與侍中鍾雅等人率軍在西陵與蘇峻軍隊交戰，充當炮灰。晉軍根本不是蘇峻的對手，一搭手就完蛋。結果，大忠臣卞壺背創未癒，與左右力戰而死，其二子也緊隨其後，赴敵而死。卞壺老母撫屍而哭，嘆道：「父為忠臣，子為孝子，夫何恨乎！」

蘇峻叛軍真是鄉下人，入宮後，如劉姥姥進了大觀園，不知用啥樣的態度和禮節對待殿上君臣。大臣一呵斥，竟沒人敢上殿。多麼善良的叛軍啊！只是兵人愛財，便一窩蜂突入後宮，見什麼搶什麼，連庾太后的左右侍人也遭受劫掠。

蘇峻完全控制建康後，假傳詔命，大赦天下，唯獨庾亮兄弟不在原宥之例。王導德高望重，蘇峻對他連根毫毛都沒動，依舊讓他原官入朝，位在蘇峻本人之上。蘇峻大肆封官，還給自己也弄了好多頂官帽子。要說這時候他已經「不差錢」了，幹嘛還那麼愛虛榮，給自己整這麼多高帽子戴著呢？

被庾亮降職，廢居於家的弋陽縣王司馬羕，終於盼來「自己人」，他親自拜見蘇峻，猛拍馬屁。千穿萬穿，馬屁不穿。蘇峻一高興，恢復他西陽王的位號，進位太宰，錄尚書事。萬分焦心的溫嶠在尋陽苦等消息，迎來的卻是喪魂落魄的庾亮兄弟。知道建康不守，皇帝落入蘇峻之手，溫嶠放聲大哭。

哭了半日，眼淚救不了國難，溫嶠只能和惹事佬庾亮商議平定蘇峻之策。兩個人一直提防陶侃，如今，也只能厚著臉皮，派人哀求陶侃出兵。駐屯荊州的陶侃本來一肚子鳥氣，馬上對溫嶠派來的都護王愆表示：「吾疆場外將，不敢越局。」最後，王愆一席話，使得陶侃幡然感悟，戎裝登船。

晉人始終天真、大度，崇仰人物風采。東晉成帝咸和三年（三二八）六月，陶侃親率大軍抵至尋陽。庾亮又驚又怕，急得差點跳河。幸虧老友溫嶠出主意，讓他親自前往陶侃營帳拜見、道歉。陶侃沒有心理準備，忽然看見權傾一時、玉樹臨風的皇帝大舅跪伏於自己面前，大驚失色，「（陶）侃不覺釋然」。

蘇峻爲保險起見，打好手中王牌，便強迫小皇帝移遷至石頭城。到了石頭城，蘇峻騰出一座空倉庫作爲孩皇帝的宮室，天天有事沒事在小孩子面前放肆狂言，大罵庾亮等人。

雙方接戰，互有勝負。蘇峻的軍隊，確實是善打硬仗的士兵。這些叛軍不僅不理虧勢窮，反而連連掉轉頭主動進攻晉軍在建康周圍建立的城壘。白石壘攻不下，他們又猛攻大業壘。陶侃本想派兵救援大業，他手下長史殷羨勸他去攻打石頭城，以圍魏救趙救大業。陶侃按計而行。

也許是東晉朝廷家有人在天上當神仙，緊急關頭，蘇峻竟然死了。

蘇峻陣亡是一件離奇的偶然事件，那一天，雙方對陣之時，蘇峻的兒子蘇碩與叛軍勇將匡孝兩人只率數十騎人馬，竟然把晉軍打得大敗。幾十騎打一萬多，這也是戰爭史上的奇蹟。蘇峻羨慕嫉妒恨，他自己一人躍馬晉軍軍陣，被幾個牙門將當成活靶子，把蘇峻洞穿數處，這位傳奇將軍糊裏糊塗結束了他的一生。

雖然首領蘇峻被本來大敗的晉軍當成一隻白切雞「料理」了。但叛軍仍舊人心未散。蘇峻的司馬任讓推戴蘇峻之弟蘇逸爲主，繼續與晉軍抗衡。蘇碩悲懼之下，找到庾亮父母的墳墓，剖棺焚屍。一報還一報，「我爸爸屍體被肢解焚燒，你父母屍體我也點著當柴燒。」

石頭城內的晉朝侍中鍾雅、右衛將軍劉超等人聽聞蘇峻死訊，暗中積極活動，準備乘機帶著小皇帝逃出石頭城，投向四面集結的政府軍。不料走漏了風聲，蘇逸派任讓去捕殺鍾、劉兩人。任讓倒乾脆，當著小孩子的面，兩刀結果了劉超和鍾雅的性命。成帝小小孩童，還沒見過這樣血腥的場景，又悲又怕，昏死過去。

西元三二九年（成帝咸和四年）三月，數路晉軍發起總攻，進擊石頭城。蘇峻死後，叛軍好像也被抽去了主心骨，完全不見從前勇悍威猛的戰鬥力，很快就潰不成軍，石頭城被攻破。小皇帝被晉將救出，送回溫嶠的指揮船上。一大群老大不小的文臣武將，跪在一個八歲小孩子面前大哭請罪，真是又壯觀又古怪。

兵敗如山倒。蘇峻之子蘇碩及韓晃等人，都在逃跑途中被殺，昔日的能軍強將，均成爲自己人的刀下之鬼。唯獨勇將韓晃躍馬揚鞭，射殺敵人眾多。可惜不怕神一樣的對手，只怕豬一樣的隊友。著實英勇的韓晃，還是逃脫不了宿命。可惜如此猛將，沒有在中原同胡人力戰而死，卻死於東晉漢人自己的內訌。

又到了秋後算賬的時刻。由於京城皇帝的辦公室全在交戰中被燒毀，群臣與皇帝都在原先的建平園（御花園之一）的小房子裏處理政事。西陽王司馬羕「附賊」，老頭子和兩個兒子一起被當眾殺頭，可惜司馬皇族至今沒剩下幾個「宗室元老」，至此，如此德高望重的老王爺也被連根除掉。

蘇峻的司馬任讓，與陶侃是多年的老朋友，陶侃替他求情。小皇帝才八歲，雖然剛剛被眾人救出，但兩位忠臣被殺的情景仍歷歷在目。聽見有人爲任讓求情，他對諸大臣說：「就是這個人殺掉了我的侍中和右衛將軍，不可赦免。」孩皇帝雖是孩子，卻也是皇帝。金口玉言，任讓馬上被拉出去砍了。

王導此人，雖當時被庾氏家族壓抑了好一陣子，仍是開創東晉門閥政治的風雲人物。當時的世家大族已成爲東晉司馬政權的主要依附和統治基礎。兒皇帝成帝到王導家，見王導老婆竟然下拜，行孫子見老奶奶的禮數。王導上殿，成帝也要起身示意，完全不是皇帝對權臣的畏懼，而是出自內心的敬畏和尊寵。

叛逃石勒處的祖約千辛萬苦逃到後趙境內，石勒派人送書信給祖約，要他進京覲見。可是剛到鄴城，祖家上下一百多男丁就被押送東市開斬。

王敦、蘇峻、祖約的三支軍隊，本來是東晉政權實力最強的軍隊，但這三支生力軍皆在自己人殺自己人的內耗中煙消雲散。值得慶幸的是，當時中原地區，前趙和後趙正你打我殺爭地盤，不然的話，東晉早就被胡人滅亡掉，因此，風雲飄搖之際，禍起蕭牆數次，而終能安然渡過危機，實爲東晉君臣的萬幸。

東晉政權經歷了王敦之亂、蘇峻之亂後，建康城內的宮室樓臺焚燒殆盡。就算這樣，晉朝人心並未渙散，元氣未傷，仍有恢復精氣神的士氣和體力。假若朝士同心，將士和睦，外堅邊界，內養生息，以江南豐腴之地積累實力，待北方胡族政權亂起後反戈一擊，一舉恢復大晉昔日境土，絕非癡人夢囈。

西元三二九年五月，爲朝廷立有大功而又無絲毫私心的始安公溫嶠病逝，又過了五年，長沙公陶侃又離世。陶侃死後，激起蘇峻之亂的帝舅庾亮像隻冬眠的蛇蟲，趁著熱乎勁又探出頭來，重掌大權，坐鎮武昌。

庾亮這位志大才疏的文人，總是擺脫不了中國知識分子陰險窩裏鬥的痼疾，不念昔日與王家和衷共濟的患難之情，又開始謀劃著算計在建康朝堂執政的王導，並寫密信給鎮守京口（今江蘇鎮江）的郗鑒，約對方一起興兵把王導拉下臺。郗鑒拒絕，自己屬下也紛紛勸說，庾亮不得已，才收起這支欲發的毒箭。

一事不成，又起一事，庾亮又打起了「恢復中原」的主意，於成帝咸康五年（三三九）上奏朝廷，準備興兵伐後趙。以祖逖之神勇忠貞，尚不能闊步於江北，庾亮區區小才，也敢如此大言，果真是個不知天高地厚的倒楣蛋。不幸的是，在朝中能阻止庾亮愚蠢冒進行爲的王導、郗鑒接連去世，再無人牽制他。

庾亮沒了束縛，正欲甩開膀子大幹之際，本來在東晉控制下的邾城（今湖北黃州）被後趙銳兵攻下，晉兵晉民被殺數萬。東晉征伐大旗還未及張舉，後趙兵已經搶先一步攻拔堅城。失望至極的庾亮上表朝廷，要求自貶三級。不久，這位智小謀大的帝舅就鬱悶而死，時年五十一。其弟庾翼代領其任。

西元三〇四二年，二十二歲的東晉成帝因病駕鶴西去。舅氏庾冰作主，擁立成帝的親弟弟司馬岳坐了頭把交椅，是爲康帝。庾亮雖是個心胸狹窄的庸才，但其弟庾冰、庾翼皆有不凡的器幹，且私心甚少。庾冰立另一個親外甥爲帝，倒絕不是出於私心，當時成帝的兒子都是襁褓小兒，加之外有強敵，立長君其實是明智之舉。

只是也許是氣數將盡，東晉的運氣也確實不好，才過兩年，康帝又去世，年僅二十三歲。庾氏兄弟又想立元帝的兒子、已經成年的會稽王司馬昱爲帝。何充堅持立康帝的兒子司馬聃。康帝不曉事，死前遺詔以己子爲後，因此，兩歲的小娃娃司馬聃就成爲當朝皇帝，是爲東晉穆帝。

弱肉強食的地方，人們不同情弱者。在立儲之事上未得便宜，庾冰又病死，庾氏一族開始沒落。第二年，庾翼因病去世。臨終，他上表朝廷，希望讓自己的兒子庾爰之接替自己荊州刺史的職位。和庾氏私交不錯、政治上漸漸成爲對手的何充思前想後，推出了理想的人選：桓溫。從此，又一顆耀眼的新星橫空出世。

桓溫，字元子，爲宣城太守桓彝之子，響噹噹的「烈士」子弟。桓彝一直忠心晉朝。王敦之亂，他深受明帝信任，進計良多，有勇有謀，清正廉潔；蘇峻之亂，兵弱民寡的桓彝毅然赴難，誓言「義在致死」，固守城池經年，終於力屈城陷，爲蘇峻驍將韓晃所殺，時年五十三。東晉政府後追贈桓彝爲廷尉，謚曰簡。

桓彝被殺時，桓溫年僅十五歲，因已知道殺父仇人，便思慮報仇。三年後，曾參與殺害桓彝的涇縣縣令江播病死，他的三個兒子害怕桓溫這樣的尋仇青年來鬧喪，在靈堂迎接弔孝來人時，在杖中暗藏利刃，以備不測。是福不是禍，是禍躲不過，復仇心切的桓溫身著素白衣衫，佯稱是弔客，混進靈堂，把江氏三兄弟盡數殺死，終於替父報仇。

桓溫長大後，豪爽又多金，還是個美男子。魏晉之時，人物相貌、風度非常重要，桓溫相貌堂堂的國字臉上長有七顆雀斑，也能被名士們附會爲「七星」。如此不俗之表，又有手刃仇人三子的孝義之舉，又是忠良之後，東晉明帝選女婿，自然把愛

女南康長公主許配給桓溫爲妻，拜駙馬都尉，襲其父爵萬寧縣男。

桓溫之爹桓彝生前與國舅庾亮是好友，桓溫本人也與庾亮之弟庾翼相交甚密。明帝時，庾翼作爲太子舅氏，就向皇帝極力推薦這位好友：「桓溫少有雄略，願陛下勿以常人遇之，常婿蓄之，宜委以方召之任，托其弘濟艱難之勳。」才氣、名氣、運氣，可以說在青年桓溫身上全都彙聚在一起了。

庾翼死後，由於朝中各派的政治鬥爭，大家只能走中間路線，推舉出一位爲世人所接受的、有「四海之望」的人來接替庾翼。估計庾翼自己也想不到，他所竭力舉薦的好友桓溫，會在後來占了自己兒子的位置。桓溫這一命世英雄，也終於有了施展雄心和抱負的人、才、力、地。

＊微歷史大事記＊

西元三一八年四月，司馬睿繼帝位，改元太興，是為晉元帝，東晉王朝正式建立。

晉元帝永昌元年（三二二），王敦造反。

西元三二二年年底，元帝司馬睿病重而死，皇太子司馬紹繼位，是為東晉明帝。

西元三二四年（晉明帝太寧二年）八月，王敦攻打建康。

西元三二六年，明帝司馬紹病死，年僅二十七歲。

成帝咸和元年（三二六）年底，後趙軍隊攻打坐鎮壽春的祖約。

西元三二九年（成帝咸和四年）三月，晉軍進擊石頭城。

西元三二九年五月，始安公溫嶠病逝。

西元三四二年，二十二歲的東晉成帝病死，司馬聃即位。

第六章

功高震主

一代梟雄的覆滅

西晉元康年間（二九一至二九九），關中亂起，數萬百姓流亡入漢中。世爲氐酋的李特、李庠、李流兄弟想當然地被推戴爲流民首領。後來，李流病死，李雄被部眾擁立爲益州牧、大將軍。西元三〇四年年底，李雄率軍攻佔成都，李雄自稱成都王。又隔了一年多，李雄自稱皇帝，國號大成，是十六國中第一個稱帝的地方割據政權。

「關起門來做皇帝」，倒是李雄的寫照。此人本性寬厚，簡刑約法，與民休息。死前，李雄雖有兒子十多個，卻選擇戰死沙場的哥哥李蕩之子李班爲皇太子。李班仁厚酷似其伯父李雄，但李雄的兒子卻不是什麼善類。一天，剛繼位沒幾個月的新皇帝李班夜間正在靈堂哭殯，即被李雄之子李越、李期暗殺於室內。

殺掉李班後，李越雖年長，但是庶出，便推兄弟李期爲帝。李期爲人殘暴好殺，濫殺賢良，任用奸佞，連兄弟子侄不順己者都一概毒殺。當時，鎮守梁州的李驤（李驤是李特之弟）之子漢王李壽惶恐之餘，趁成都不備，擁大軍忽然襲城，一舉殺掉李越等人，並把李期廢爲邛都縣公。悔嘆之餘，李期在囚所上吊自殺。

昏君被廢，後繼的李壽更不是什麼好東西，篡位之後，李壽遍殺李雄子孫，並縱兵姦淫李雄一支的婦女殆盡。同時，他一反李氏前期幾個「皇帝」不與晉朝爲敵的做法，和北方的大暴君石虎通好，準備聯兵伐晉。李壽稱帝後改國號爲漢，後人便稱這一盤踞蜀地的氐族李氏政權爲「成漢」。

李壽派往後趙的使臣回來「彙報工作」，講述石虎宮殿壯麗，美女盈宮，刑法嚴峻，這一下子把李壽羨慕得不行，立時仿效，大修宮室，廣選宮女，動輒誅殺臣下立威，搞得蜀地人民苦不堪言，被賦稅徭役壓得喘不過氣來。荒淫六年後，東晉康帝建元元年（三四三），李壽病死，其子李勢繼位。

李勢「身長七尺九寸，腰帶十圍，善於俯仰，時人異之」。此人當太子時很能裝模作樣假謙恭，稱帝後即原形畢露，先逼殺了自己的親弟弟李廣，又殺掉直諫善政的大臣馬當和解思明。不久，宗室李奕起兵，蜀人多擁護相隨，但事敗垂成，李奕逞一夫之勇，攻成都城時一馬當先，被守兵亂箭射死。

李奕被平滅，成漢的統治卻已經頭頂長瘡，腳底流膿，壞成了絕症。境內也四處開花，亂成一鍋粥。加之李勢天性猜忌，誅殘大臣，濫加刑獄，致使人懷危懼，上下離心。此時正是成漢分崩離析的前夕，新官上任三把火的大英雄桓溫準備先拿割據蜀地的成漢僞政權來練練手：我不打你，你就不知道我文武雙全。

桓溫伐蜀決心幾經起伏，最終在謀士袁喬的勸說下下定決心。東晉穆帝永和二年（三四六）年底，桓溫率益州刺史周撫、南郡太守譙王司馬無忌等人提兵伐蜀，「拜表即行」，未等朝廷明詔可否，桓溫就已經踏上征程。謀士袁喬能文能武，親率兩千人爲先鋒。

文武朝臣對此次興兵皆抱悲觀態度。唯獨桓溫的老友、大名士劉惔斷定此行必能成功。朝臣們疑問，劉惔說：「我是根據過往與桓溫賭博的經驗得出此論。桓溫是個賭博大玩家，沒有百分之百的勝算他決不輕擲。由此觀之，蜀地必爲其所得！」停頓片刻，劉惔又說：「但恐怕桓溫克蜀之後，終必會專制朝廷啊。」

東晉穆帝永和三年（三四七）三月，桓溫的晉軍忽然出現在蜀地的青衣縣。天天酒肉美女的李勢聞報驚駭異常，簡直不敢相信這一切是真的，還以爲桓溫穿越了呢。惶急之下，他派叔父李福、堂兄李權以及前將軍昝堅等人大集兵馬，自岷江以北向青衣方向急行軍，欲圖阻禦晉軍。

桓溫下令晉軍全軍而進，丟掉所有的軍用炊具等多餘後勤裝備，只帶三天的乾糧，全速前進，直撲成都。此命一下，晉軍知道首將已經表示了「不成功則成仁」的決心，橫下一條心，都準備作殊死之戰。途中，桓溫與成漢宗室鎭南將軍李權大軍相遇，三戰三勝，另一位鎭軍將軍李位都很乖巧，徑直向桓溫投降。

困守愁城的李勢無法，只得全數出戰。有個「皇帝」在身後，成漢軍隊的士氣還真忽然上來了一下子。兩軍初接，晉軍前鋒進攻部隊遇到漢軍死命抵拒，初戰不利，東晉的參軍龔護被殺。成漢軍得勢洶洶，喊殺陣陣，數支利箭也射向位於中軍的桓溫馬前。

士兵們在戰場上、訓練場上都已經養成反射動作，聞鼓則進，聞金則退。聽見大鼓聲聲，晉軍個個扭頭又往前衝。身爲前鋒的袁喬書生執劍，下馬督戰，指揮已經內心生怯的晉兵拼死進攻。成漢兵也就是一鼓作氣，看見晉兵比自己還不要命，抵擋一陣，又都掉頭回逃，桓溫大勝，乘勢直驅至成都城下。

李勢至此知道自己的「大漢」已經灰飛煙滅，呆坐殿上，不知所爲。越想越怕，他作出了一個艱難的決定，趁夜逃出東門。逃都逃了，李勢又覺不妥，沒法逃出生天，就又轉回頭派人送降表給桓溫。降表文筆不錯，肯定出自哪位文士之手，詞意哀憐，廢話不多，言簡意賅。真美文也！

桓溫見降書寫得這麼讓人高興，又見李勢自己在軍門前「輿梓面縛」，倍覺有面子，大喜受降。成漢小朝廷，到此經六世，共四十六年。李勢父子貪淫殘暴，竟也全得善終。李氏「皇族」十多人由於是「投案自首」，李勢還得封歸義侯，好酒、好肉、大房子，直至開平五年（三六一）才病終於家。

剛過而立之年，人家桓溫已經立下平滅一國的不世之勳。他舉賢旌善，隨才授官，待蜀境全定之後，「振旅還江陵」。東晉朝廷上下大喜過望，進位桓溫征西大將軍，封臨賀郡公。「（桓）溫即滅蜀，威名大振，朝廷憚之。」

東晉穆帝永和五年（三四九），後趙大魔頭石虎病死，境內大亂。桓溫一聽說，立刻屯軍安陸，準備北上收復中原。東晉朝廷內部當然不願桓溫再立功逞能。褚太后的父親、征北大將軍褚裒也想效仿桓溫，拜表即行，欲趁後趙大亂去撿大便宜卻大敗，畫虎不成反類犬。褚裒當大名士可以，打仗卻完全是個外行。

當時的中國北方四分五裂，眼見中原鼎沸，志大才疏的殷浩在司馬昱支持下，很想一顯身手，博他個青史流芳，興沖沖提兵北伐。可是出發時飛跨上戰馬，殷浩就摔了個大馬趴，這讓這位神氣十足的大將軍情何以堪啊。軍中上下皆以爲是不吉之兆。軍心還怎麼能振奮呢？

一直慦氣的桓溫趁機讓老大將殷浩廢爲庶人。不久，桓溫念起童稚之誼，想推舉他重新入朝，並派人告知。殷浩高興得幾近失態，回信時，唯恐書信中哪個字哪個詞寫得不達意、得罪桓溫，最終送到桓溫手上的竟是一封空函，氣得桓溫大罵「不識抬舉」，把殷浩「永遠禁錮不用」。一代大名士，鬱鬱死於鄉下。

殷浩一廢，「內外大權一歸（桓）溫矣」。於是，東晉穆帝永和十年（三五四）三月，桓溫自統四萬軍出江陵，水軍艦隊也同時自襄陽入均口，開始了他第一次北伐。此次北伐的目標是三五一年在關中稱天王的氐酋苻健。苻健建國大秦，史稱前秦。天天打仗，也不顧百姓死活。

桓溫出師順利。前秦主苻健大驚，忙遣太子苻萇等人率五萬軍士在嶢柳（今陝西

藍田附近）結營，以迎戰桓溫。苻健的兒子苻生雖是獨眼龍，卻驍勇異常。桓溫不爲所懼，親自於軍前督陣，終於大敗秦軍。不久，桓溫之弟桓沖又在白鹿原大敗前秦丞相苻洪。勢如破竹之際，桓溫率晉軍連戰連捷。

假若桓大英雄馬不停蹄，一鼓作氣，有百分之九十的可能會一舉擊滅前秦苻氏，收復中原。但不知爲何，善出奇兵的桓溫忽然持重起來，屯兵觀望，總想等長安城內有人接應，可兵不血刃地克復堅城。因此各種史書均認爲桓溫當時伐秦的初衷，是想以功名彰顯朝廷，樹立己威，並非想真的恢復中原。

十月，桓溫回軍襄陽。此次北伐，大勝中敗，收穫不大。對桓溫來說，不過是到此一遊，遊山玩水而已。

東晉穆帝永和十二年（三五六）元月，羌酋姚襄佔據許昌後，得隴望蜀，又想攻佔洛陽，洛陽當時是晉朝叛將周成的地盤，雙方激戰，一時膠著。西元三五六年七月，東晉朝廷拜桓溫爲征討大都督，督司、冀二州諸軍事，進討姚襄，這就是桓大將軍的第二次北伐。桓大將軍意氣風發，乘船率水陸大軍，直奔中原而來。

姚襄守在伊水邊與晉軍開戰，桓溫親自披甲督戰。雙方開打，桓沖等晉將勇猛衝鋒，殺得姚襄大敗。由於姚襄爲人「勇而愛民」，屢戰屢敗之際，許昌、洛陽附近的人民扶老攜幼，仍舊一路跟隨。聽說姚襄傷重身死的傳聞，桓溫營中剛剛被「解救」

的百姓竟然「無不望北而泣」，可見這人確有不凡的人格魅力。

打不過，只好跑，姚襄一直往平陽方向跑（今山西臨汾）。不久，姚襄心不死，又想謀圖關中，與前秦爭霸。當時的前秦主苻生派堂兄弟苻黃眉、苻堅等人與之激戰於三原（今陝西三原縣），雙方大戰一場。姚襄也命苦，又打不過別人，被秦兵擒殺，時年二十七歲。其弟姚萇率餘眾降前秦。

東晉改封勞苦功高的桓溫爲南郡公，並封其子桓濟爲臨賀縣公。桓氏一族的兄弟子侄也都成了政府重要部門的公務員。西元三六一年（穆帝升平五年）五月，桓溫又派弟弟桓豁帶兵打敗了前燕大將慕容塵。六月，十九歲的東晉穆帝病死。由於穆帝死後無嗣，朝臣擁立成帝長子琅琊王司馬丕爲帝，是爲東晉哀帝。

哀帝興寧元年（三六三），前燕軍隊又進攻洛陽，桓溫派兵數千赴援，並上書朝廷，建議遷都洛陽。桓溫遷都之議，的確是想以「虛聲威朝廷」。南遷江東的東晉官吏大大小小早已在江南安家立業，如果北遷洛陽，丟掉幾十年辛苦積攢下來的家業不說，洛陽地處前線，保不準哪天又失守，身家性命也會一朝玩完。

人總是一種不滿足的動物，軍政大權在握的桓大將軍漸有代晉的「非分」之想。只是他還有些天真，總想以軍功樹威，他一直思忖著要北上再打個大勝仗，回江東後，再心安理得地奪取司馬家皇位。但人算不如天算，戰場上風雲突變，勝負決於瞬息之間，不是想打勝仗就能打勝仗，天時地利人和，缺一不可。

海西公太和三年（三六八），晉廷把桓溫的地位抬高到了頂點，位在諸侯王之上。第二年五月，桓溫親率大軍，進行他的第三次北伐。七月，桓溫行至金鄉，由於天旱水絕，水路不通，他使屬下將軍毛虎生派人在鉅野鑿河道三百里，引汶水與清水交匯，大小軍船相繼，連綿數百里。這倒也好，順路興修了水利。

桓溫戰星照耀，一打就勝，湖陸一戰（今山東魚台），擒燕將慕容忠；黃墟一戰（今河南開封以東），大敗燕將慕容厲兩萬勁騎；林渚一戰（今河南新鄭），又敗燕將傅顏。不久，燕國高平太守舉郡投降晉軍。八月，桓溫屯軍於武陽（今山東莘縣），由於當地人起事接應，桓溫很快抵至枋頭（今河南浚縣）。

此時，前秦已是苻堅代苻生坐了一把手的位子，他召集王猛等眾大臣商議對策。苻堅對王猛言聽計從，派軍二萬前去支援前燕。桓溫逡巡觀望，耽誤了大好時機，晉將袁真又沒能如期打通石門（汴口），此條水路也斷絕。延至十月，燕將李邽又率兵切斷桓溫陸路糧道。至此，整個戰事開始向燕軍一方傾斜。

接連下來，時運陡轉，桓溫竟然連敗，軍糧也接濟不上了，聽聞前秦援軍又要趕到，無奈之下，這英雄也只好當了一回狗熊，下令從陸路急行軍撤退。沿途也不敢喝河水，怕燕軍下毒，只好每次都派兵士鑿井取飲。又累又餓只有一大肚子水的晉兵倉皇回逃，日夜兼行七百里，狼狽到了極點。

燕國吳王慕容垂是個老狐狸，他老謀深算，不慌不忙，親率八千精騎悄悄跟著晉軍後面，一路尾隨。跟了幾天，感覺晉兵已力乏，慕容垂忙下令出擊。晉軍惶急之下，起先還掙扎抵抗，不久，先前回到襄邑東澗的燕國范陽王慕容德四千伏兵也忽然而起，兩路大軍夾擊，晉軍哪還能抵擋，一下子被殺了三萬多人。

十一月，桓溫吃了大虧，只好收集散餘兵士，躲在山陽，悄悄舔舐著傷口。此次北伐，常勝將軍桓溫完全失敗。禍不單行，桓溫之妻南康公主不久也病逝。桓溫鬱悶至極，同時他差遣百姓大築廣陵城，由於常年打仗，又加上瘟疫流行，困苦百姓死了近半，一時間遠近都抱怨他。

桓溫拉不出屎來賴茅房，枋頭大敗後諉過於人，上表朝廷，說是因爲袁真沒有打開石門水路，才使晉軍喪失了水上退路，要朝廷治其罪。袁真當然不服，認爲桓溫誣陷自己，也上疏「表（桓）溫罪狀」。晉廷不置可否。桓溫雖敗，軍政大權仍齊集手中，故而晉廷根本不敢表態。袁真一怒之下，踞壽春城向前燕投降。

桓溫也真夠執著，又費了近一年時間，才於太和六年（三七一）重新收復壽春，當時袁真已病死，桓溫就殺掉了袁真的兒子袁瑾及其主要謀士朱輔等人。本來他是想北伐得勝後，即返江東受九錫，然後取晉以代。不料大敗而回，九錫談不上，篡晉的步驟也不得不放慢下來。思來想去，也只有走廢掉皇帝司馬奕這一步棋。

老實皇帝也吃虧，該司馬奕倒楣。此位皇帝即位未久，一直把桓溫供在頭上，行政之權也多在會稽王司馬昱等大臣之手，無甚過錯。要說有錯，也就錯在他坐在皇帝的位子上還太軟弱。西元三七一年年底，桓溫親自率兵還於建康，派人給褚太后捎話，要廢掉司馬奕，立元帝少子、會稽王司馬昱爲帝。

桓溫把已經以皇太后名義寫好的詔書底稿送呈褚氏。古代中國，廢立皇帝是天大的事情，桓溫權力再大，也要走太后這道「手續」。送呈詔草之前，桓溫還怕褚太后有異議。看見詔書被褚太后簽字批准，桓溫大喜。西元三七一年陰曆十五乙酉，桓溫宣示太后的廢立之詔。以會稽王司馬昱繼承皇統，是爲簡文帝。

好人緣的皇帝司馬奕已成昨日黃花，很快被送到吳縣嚴加看管，咸安二年年底，有人詐稱有太后密詔，奉迎司馬奕起事還宮復位。司馬奕起先還蠢蠢欲動，幸虧一直跟隨他的保姆勸諫，他沒敢輕舉妄動。這樣，這位廢帝還算命好，又活了十五年才病死，時年四十五。在這樣的亂世皇帝群裏，也算是難得了。

一不做，二不休。桓溫廢掉司馬奕後，又奏稱簡文帝的哥哥武陵王司馬晞與其子和袁真通謀，欲行不軌，把他踢到遠遠的地方。此外，桓溫又恨殷、庾兩家人在朝中勢大，迫使宗室新蔡王司馬晃「自首」，牽告殷浩之子殷涓及庾亮之弟庾翼的三個兒子庾蘊、庾冰、庾倩等人謀反，並族誅了涉案諸人。

殷浩年輕時候與桓溫齊名，成年後，兩人爭權，殷浩失敗，於鄉下鬱鬱病死。桓溫派人弔祭，殷涓不答，就因爲此事得罪了桓溫。其實庾氏一族與桓氏父輩有老交情，庾翼又曾在關鍵時刻向晉明帝舉薦過桓溫，殺掉庾氏一家數支人戶，老英雄未免做事有些過絕了。

新被桓溫抬上位的簡文帝司馬昱，是東晉元帝的小兒子。此人是個貌美儒雅的玄言大家。如此之人，雖神識恬暢，卻無濟世勇略。簡文帝沒什麼福分，當皇帝才一年多，就病入膏肓。彌留之際，詔書如下：「家國事一稟大司馬，如諸葛武侯、王丞相（王導）故事。」囑託完畢，於當日病逝，時年五十三。

桓溫一直想當然認爲簡文帝臨死會把皇位主動禪讓給他，即使不然，也會以周公之禮居攝朝政。結果，讀畢簡文帝遺詔，桓溫發現夢想成空，太子已經嗣位，桓溫認定是王坦之、謝安從中作梗，深恨二人。孝武帝寧康元年（三七三）三月，桓溫提軍入朝建康。都城盛傳桓溫入京要誅王、謝兩族，並移晉鼎，取而代之。

幸好謝安等人鎮定從容，在外有強臣、內有幼主的危亂局面下，使晉室得以保存。在建康停留了十四天，命苦的桓溫老病又犯，只好回了老巢。臨死前，桓溫不停派人示意朝廷加九錫給他，很想臨死前過一把皇帝癮。因爲大臣勸阻，加桓溫九錫的詔命被一拖再拖，直到桓大將軍病死。晉廷以霍光之禮葬之，追贈丞相。

＊微歷史大事記＊

西元三〇四年十一月，李雄自稱成都王。一年後，自稱皇帝，國號大成。

東晉康帝建元元年（三四三），李壽病死，其子李勢繼位。

東晉穆帝永和三年（三四七），桓溫滅李。

東晉穆帝永和十年（三五四）三月，桓溫伐前秦。

西元三五六年七月，桓溫開始第二次北伐。

西元三六一年（穆帝升平五年）六月，東晉穆帝病死。成帝長子琅琊王司馬丕為帝，是為東晉哀帝。

西元三七一年年底，桓溫廢掉司馬奕，立元帝少子、會稽王司馬昱為簡文帝。

成安二年（西元三七二年）六月，簡文帝死。

寧康元年（西元三七三年），桓溫死。

第七章

盛極一時

苻家的秦帝國

第七章 盛極一時

苻家的秦帝國

西晉滅亡後，亂象紛然，黃河流域廣大地區成爲一個歷史大戲臺，匈奴、鮮卑、羯、氐、羌五大少數民族乘勢在北中國登場，幾十年間，竟出現了十六個「國家」，但幾乎都是「興也勃焉，亡也忽焉」。盛強時雖有控弦衣甲之士百萬，但崩潰之時如潰穴之蟻，剎那間消散。

「淝水之戰，風聲鶴唳，草木皆兵」，苻堅大帝爲中國戰爭史平添了極不光采的典型戰例，爲中國文學史增加了數個滿含貶意的成語，但讓人大跌眼鏡的是，苻堅絕非殘暴魯莽的君王，反而是個開明大度，高瞻遠矚，謹恭有禮，慕義懷德，善於納諫，雄才大略而又完全漢化的一代英傑。

苻堅他爺叫苻洪。因爲家裏池中有蒲葉生成，周圍人眾都稱這個家庭爲「蒲家」，開始便是以「蒲」爲姓。西晉內亂，匈奴族的劉曜僭號稱帝，蒲洪被逼得沒辦法，只好投降。後來劉曜又被後趙石勒打敗，蒲洪就又降附石虎，累有戰功，封西平郡公，其部下獲賜關內侯的就有二千多人，蒲洪就又獲封爲關內領侯將。

後趙在老暴君石虎死後，很快潰滅，蒲洪審時度勢，先在名義上降附晉朝，擁有十餘萬兵卒。當時，蒲洪屬下就屢屢有人勸他稱尊號。讖文又有「草付應王」的說法，他的孫子蒲堅一生下來背上就有「草付」兩字的紋理，於是，一家人改姓「苻」，苻洪自稱大將軍，大單于，三秦王，轟轟烈烈的前秦王朝由此開端。

苻洪去見上帝後，其子苻健嗣位，永和八年，苻健稱帝。此後他又大敗晉將張琚，令晉鎮西將軍謝尚（謝安的族兄，人物瀟灑風流，打仗卻是個大草包）倉皇逃命。永和十年，前秦又在白鹿原大破桓溫軍，奠定了氐族在西北的統治地位。此後，苻健與百姓約法三章，輕徭薄賦，優禮士人，留心政事，呈現小康之象。

大概是當皇帝太操心，苻健不久也病重，其第三子苻生被立爲太子。皇族苻菁是苻健的侄子，聽說苻健病重將死，急忙帶領一幫人馬殺入東宮，準備把堂弟苻生殺了自立爲王。苻健聽到心知不妙，強撐著出門去看，跟隨苻菁造反的兵士看見皇帝還活著，一哄而散，苻菁被抓住殺掉。過了數日，苻健病死，年僅三十九歲，在位四年。

太子苻生閃耀登場。這位爺是中國歷史上出了名的殘暴君主。他兒童時代就凶邪無比，苻生生下來就瞎了一隻眼，十歲時，有一天苻洪想逗他，故意說：「我聽說瞎眼的孩子只是一隻眼流淚，是真的嗎？」侍者回答：「是真的。」苻生在一旁聽了很惱怒，拔刀往自己臉上刺了一刀，血湧而出，恨恨地說：「這也是眼淚啊。」

苻生剛坐上老大位置，即大開殺戒。先是大將強懷陣亡，其子強延應該襲封將軍，正值苻健死喪，未得襲封。苻生出遊，強懷的妻子樊氏於道上書，請苻生議封忠烈之後。由於阻滯苻生的遊興，新皇帝大怒，操起弓箭就射殺了樊氏。像這樣，簡直就是沒了人性。

盛極一時

苻家的秦帝國

秦國的中書監上書，說老天爺拉警報啦，不出三年，國有大喪，大臣戮死，希望皇帝修德養國，安民樂道。苻生聞言，嘻笑著說：「朕和皇后對臨天下，可應大喪之變。至於大臣嗎，毛太傅、梁車騎、梁僕射受遺詔輔助我治天下，把他們殺了就可以應天警了。」於是，皇后梁氏和幾個輔政大臣一同被推上斷頭臺殺掉。

苻生在服喪期間，遊戲飲酒自若，荒誕淫虐，常常拿著弓箭利刃會見朝臣，左右案几上，錘鉗鋸鑿一應俱全，隨時隨地以殺人爲樂。一次，苻生在皇宮招待大臣飲酒，他自己放聲高歌，鐘樂齊鳴，見有臣下不喝酒，他引弓射殺典勸官，嚇得眾大臣個個舉杯猛往嘴裏灌酒，昏醉一地，蓬頭汙服，苻生以此爲樂。

都城長安刮大風，宮人奔擾，苻生抓住那些奔跑的宮人，生刳其心。他親舅舅強平上諫，苻生大怒，用鑿子鑿穿強平的頭頂。見自己弟弟被兒子鑿死，皇太后強氏憂恨而死。當時秦國治下野獸食人，苻生說：「野獸餓了才吃，吃飽就停止了。我殺人不過數千，算不上什麼刑罰峻虐。街上行人比肩，也不能說人少嘛。」

見道上兄妹偕行，這位暴君又強逼二人亂倫。二人不從，苻生大怒，把兄妹一同殺掉。平時問起身邊侍從，左右有的說：「陛下聖明，太平天子。」苻生生氣：「諂媚討好我！」拖下殿去砍頭；左右又有上言：「陛下刑罰稍稍過分一些。」苻生又怒：「竟敢誹謗詆毀我！」拖下去又殺頭。

身邊的妻妾小有不如意，只要形於顏色，苻生就馬上殺掉拋入渭河之中餵魚。他又喜好把牛羊驢馬活活剝皮，三五十爲一群，笑看這些剛被剝皮的動物在殿中哀號奔走，又喜歡把死囚的面皮剝掉，讓他們載歌載舞，讓大臣聚集「欣賞」，以爲嬉樂。苻生天性好殺，動不動就把左右屬下鋸頸、刳心、截肢、腰斬。

苻氏王族中的苻黃眉立有大功，羌酋豪傑姚襄即是敗死於這位爺手中。但苻生根本不看在眼裏，常常在大庭廣眾之下污辱他。這讓功臣情何以堪？苻黃眉又氣又惱，想殺了苻生自立。事發之後，不僅全家被殺，有一點親戚關係的苻姓親族也株連一大堆，使得人心惶惶，朝不保夕。

苻生剛當上皇帝，曾夢見大魚吃蒲葉。而後，都城長安又傳有童謠：「東海大魚化爲龍，男便爲王女爲公。問在何所洛門東。」苻生想來想去，認爲夢中之兆和童謠所指肯定是姓魚的大臣——馬上誅殺侍中、太師魚遵，並其七子、十孫。事情發生後，苻氏皇族中有一個人心旌搖盪，再也不能安席——東海王苻堅。

苻堅是苻生的堂兄，苻堅的東海王封號與童謠暗合，宅第又在洛門以東，看見太師魚遵被殺得家裏一個不剩，苻堅亡魂皆冒，寢食難安。一日，苻生身邊一個侍女得知苻生要殺苻堅兄弟，深夜溜出宮門報信。兄弟兩個帶領眾人攻入內宮，苻生仍舊昏醉未醒，糊裏糊塗地被拖到小屋子裏殺掉，時年二十三歲，在位兩年。

盛極一時

苻家的秦帝國

苻堅做皇帝應該是天注定的，他生下來，後背就有紅色紋理，隱約看上去是「草付臣又土王咸陽」八字。苻堅從小就聰穎不凡，目有紫光，苻洪非常喜歡這個孫子，稱他爲「堅頭」。七歲左右，苻堅伺候於爺爺苻洪左右，舉止中禮，很得爺爺歡心。八歲時，苻堅主動向爺爺要求請家庭教師，教習自己儒學。

苻堅替天行道，殺了昏主苻生，當上了帝國CEO。當上皇帝之後，苻堅有一次在登龍門上眺望，大發感嘆道：「美哉山河之固！」其臣下權翼勸諫道：「山河之固不足恃，仁德的君主應該效法古代仁君，懷遠以德，統治之道在德不在險。」苻堅聽了很覺有道理，就讓老百姓開荒種田，把金銀賜給戰士，休養生息。

同時，苻堅還重農抑商，減免賦稅。還每月親臨大學校園，鼓勵大學生們學習儒經，數十年間，眾人竟以教化研習爲榮，由此促進了漢文化的發展與傳播。在此期間，雖有屠各族張罔等人的寇亂，匈奴左右賢王的叛亂，以及苻生兄弟苻柳、苻雙、苻庾的皇族內亂，但都很快被苻堅迅速搞定。

在桓溫PK前燕慕容氏的時候，苻堅善心大發，派軍救護，把個常勝將軍桓溫打得灰頭土臉，使前燕慕容氏得以苟延殘喘。前燕慕容氏從苻堅處要兵時，曾許諾割地給秦國，桓溫敗走之後，慕容氏又變臉了，對這樣不誠信的傢伙，苻堅大怒，自此下定了滅燕的決心，下令以王猛爲主帥，進攻燕國。

苻堅的謀臣王猛也是個人物。桓溫第一次入關時，王猛披件破長袍請見，對著桓大將軍一面摸索著衣服裏的蝨子，一面大談世事，旁若無人。魏晉風度最重要標誌之一的「捫虱而談」，就是首起於這王景略（王猛字景略）。桓溫大爲驚奇。在王猛臨走時又送車子又送官，拜爲高官督護，邀王猛與他一起南還。

苻堅當東海王時，心有大志，聽說了王猛的大名，便派人招來聊天。苻堅平生最大的優點是愛才容人，最致命並最後導致他喪身失國的，也是這種柔仁容人。兩晉時代人物崇尚儀容談吐，帝王士人往往惺惺相惜。苻堅與王猛的君臣關係十分融洽，其君臣交心的程度，只有劉備與諸葛孔明那樣的關係可比。

寧康三年，五十一歲的王猛一病不起，臨終時上疏，希望苻堅知道功業的來之不易，作國君應該「戰戰兢兢，如臨深淵」。彌留之際，苻堅親臨病榻，王猛說出了他最後的勸戒和憂慮。也許是冥冥中自有定數，苻堅在王猛生前對他言聽計從，唯獨對這臨終遺言沒有聽進耳內，而後前秦敗亡，果真是應在這兩件事上。

大英雄苻堅經過二十多年苦心經營，認爲統一天下的時機已經完全成熟，揚眉吐氣的日子就要來到了，想要伐滅晉朝。苻堅下書令各州十丁遣一兵，徵用公私馬匹，發步騎二十五萬爲先鋒，由慕容垂統帥，他自己率戎卒六十多萬，騎兵二十七萬，前後千里，旗鼓相望。發兵同時，苻堅已把晉國皇帝預封爲尚書左僕射。

第七章

盛極一時

苻家的秦帝國

135

東晉朝廷聽聞大秦老大苻堅傾國而來，也忙調兵遣將，傾力抗禦前秦的來侵。戰爭初期，前秦一方進展極其順利。但是，禍兮福兮，人算不如天算。東晉龍驤將軍劉牢之如靈魂附體，忽現神勇，親率五千勁兵，乘夜進襲秦將梁成大營，斬殺梁成等十名秦國大將，殺秦兵一萬五千多人。

苻堅爲了打心理戰，又派先前俘虜的那個一嗓子喊死前秦，喊活了東晉的朱序前往晉營，遊說謝石等人投降。也真是天不佑秦，這朱序一過去就把苻堅軍內的虛實全都告訴給謝石：「應該馬上和秦軍先頭到達部隊決戰，如果挫其前鋒，肯定可以成功。真的等秦國百萬大軍陸續到來，晉軍根本就不是對方的敵手。」

淝水戰後，前秦好運不在，先前被征服的鮮卑、羌等部族酋豪紛紛舉兵反叛，建立割據政權。慕容家族先是慕容垂逃回前燕故地，慕容宗族的子弟躍馬披甲，遍地狼煙。羌族的姚萇等人也重新崛起，丁零、烏丸相繼起叛。北方重新四分五裂。苻堅困守長安，看見前燕貴族背信棄義，幾欲氣死。

長安城外，慕容沖率軍殲滅秦軍數萬，佔據阿房城，步步逼近。前秦長安有民謠：「鳳皇鳳皇止阿房。」苻堅認爲鳳凰非梧桐不棲，非竹實不食，就在阿房城種植桐竹數十萬株，結果等來了慕容家的鳳凰。慕容沖小字鳳皇，他殺入長安，在阿房城稱帝。慕容沖是前燕國主慕容俊之子，少年時是苻堅的男寵，圍攻長安時，苻堅送給他一件錦袍，說起往日情意，慕容沖卻毫不領情。

皇帝請客吃飯，大臣卻把肉含在嘴裏不吞，爲什麼？淝水之戰大敗後，前秦元氣大傷，國內的鮮卑、羌等部族相繼叛變，慕容家的猛男紛紛起兵，平陽太守慕容沖領軍圍攻長安，苻堅親自登城督戰，圍城日久，長安快要彈盡糧絕了。苻堅宴請群臣，每人分不到幾片肉吃，大家塞進嘴裏不吞下，回家吐給老婆孩子吃。

苻堅被殺害後，留守長安的太子苻宏也守不住長安，最後竟向東晉投降。一直鎮守鄴城的苻堅庶長子苻丕情急之下，向晉將謝玄求救。東晉政府無意中原，劉牢之不久就受命率晉兵回撤江東，苻丕只得逃往晉陽。聽說苻堅已死、苻宏已降晉的消息，苻丕就在晉陽做了老大。

人倒楣，喝涼水也會塞牙。天不佑秦，東晉的揚威將軍又斬殺苻丕，並俘其太子苻寧等人。苻丕敗死，眾氏推苻堅族孫苻登爲主，苻登非常憤恨殺掉苻堅大帝的羌人，激勵手下戰士每戰必大嚼羌軍死人肉。

苻登於晉孝武帝太元十一年（三八六）稱帝後，便把苻堅的牌位供在軍中，每次戰鬥前，都預先向苻堅神主致禮。苻登連戰連捷，俘斬數萬羌軍。但人一失手，馬就失蹄。疏忽之下，忽遭姚萇夜襲，苻登妻子以及大將數十人被殺。不久，苻登又數敗於鶩泉堡、新羅堡等地。馬頭原、安定二戰，苻登又敗。

苻登委任的右丞相竇沖也想火中取栗，趁亂分一杯羹。他自稱秦王。苻登率兵進攻，竇沖向姚萇求援，苻登又損失一路兵馬。姚萇病死，其子姚興襲位。苻登聞姚萇死訊，大喜，說：「我打不過你爹，小樣兒的，我還收拾不了你？」於是，他率全部氐軍向關中挺進。苻登連打幾次勝仗後，遇上後秦的新君姚興率軍抵擋。

苻登打不過姚興手下大將尹緯。夜間軍潰，苻登單騎奔亡雍州。苻登跑到胡空堡，無所投靠，只得逃往平涼，與前來追擊的姚興決戰於山南。苻登大敗被殺，時年五十二。其諸子不久皆被殺。至此，前秦自苻健於穆帝永和七年（三五一）稱帝，至孝武帝太元十九年（三九四）苻登被殺，共五世，四十四年。

西元三九六年十月深秋，時年三十五歲的東晉孝武帝因戲言廢黜寵妃張貴人，張貴人殺心頓起。司馬昌明，這位在位期間屬下英傑曾取得十六國、南北朝期間南北戰役中最大勝利的君王，竟然因一句玩笑話被自己的寵妃活活悶死。東晉孝武帝成爲中國歷史上死得最窩囊的帝王之一。

堂堂一國之君被人謀殺，首逆張貴人竟沒有受到任何「處分」，這又是中國古代宮廷史上最離奇的事情之一。隨後，剛滿十三歲的太子司馬德宗坐上龍椅，是爲安帝，真是羨慕嫉妒恨哪。不過，這位皇帝還不如西晉惠帝那個傻孩子，不但不會說話，甚至連個冷熱饑飽都不知道，完全就是一個活動的植物人。

淝水之戰大勝，事前沒見謝安有何周詳的籌劃。勝後，他卻大費心機：先上書讓朝廷授給自己的太保榮銜，同時，也對桓石虔沔陽興復之功深加內忌，憂其驍勇難制，又據形勝之地，就改授其爲豫州刺史，授性格謙和的桓石民爲荊州刺史。安排停當，謝安又欲助東晉一統天下，「上疏求自北征」。

謝安不是很傻很天真的人，他名爲北伐，其實是害怕在朝中專權的孝武帝同父同母之弟會稽王司馬道子。他出鎮廣陵步丘，築新城壘居於其中，設法使自己遠離建康這個政治漩渦的中心。因淝水大勝獲進位太保、太傅，並都督揚江荊司等十五州軍事，謝安其實已經有「功高震主」之嫌，唯恐引起晉室猜疑。

謝安是謝尚的堂弟，他從小就喜歡「追逐淡定」。他隱居在會稽郡山陰縣東山的別墅裏，經常與王羲之、孫綽等人遊山玩水，每次出遊必帶歌妓。當時很多人說：「謝安石不肯出山，天下蒼生怎麼辦？」李白是他的頭號粉絲。

西元三八五年（晉孝武帝太元十年），一世英名的謝太傅撒手人世，時年六十六。謝安一死，東晉朝中的黨政軍大權，全都握於孝武帝這位親兄弟會稽王（先為琅琊王）司馬道子手中。這位面相俊美的王爺繡花枕頭一大個，每天的工作就是吃喝玩樂，美尼淫僧遍佈，平素爲他寵信的，又多爲奸佞小人。

司馬道子非常好酒，常爲「長夜之宴，蓬首昏目」。醉就醉了，這位二百五王爺又極其不穩重，不顧身分亂講話。有一次，司馬道子又喝多了。當時，桓溫的兒子桓玄也在座中，頻頻舉杯，小心伺候。司馬道子的腦袋不知轉錯哪根筋，忽然在大庭廣眾之下高言：「桓溫晚年想造反，是不是這樣啊？」

雖然桓溫晚年想篡位，但未顯於形跡。司馬道子的父親簡文帝、親兄孝武帝之所以能得登帝位，正是由於桓溫廢黜了馬奕，才使他們這一系的父子可以隆登九五之位。不僅不領情，還當著人家兒子的面講其老子要作賊，這位司馬道子也真是混賬至極。種下了日後桓玄謀反篡晉的根苗。

老子英雄兒好漢，司馬道子的世子司馬元顯才十六歲，就因爲官二代的身分當了大官。這個孩子從小早熟老到，認爲王恭、殷仲堪肯定會再次起兵，勸其父早做準備。司馬道子見兒子所見不俗，大喜，拜司馬元顯爲征虜將軍，配了大批兵將歸他指揮調度。

王恭早就懷疑司馬道子兄弟在打自己的外甥安帝的主意，就聽從庾楷的話，聯合殷仲堪、桓玄，再次起兵想對付他。司馬道子聞變，派人去拉攏庾楷，庾楷、王國寶兩人是好友，庾楷正在爲王愉分割他地盤而惱火，還因爲老友王國寶被司馬道子當替罪羊殺掉而恨恨不平。他很生氣，後果也就很嚴重：直接拒絕了。

王恭之所以有恃無恐，兩次起兵，全靠屬下南彭城內史劉牢之。劉牢之名不見經

傳，但正是他率五千「北府兵」把前秦殺的人仰馬翻，極大鼓舞了東晉將士的必勝信心，奠定了東晉在淝水大戰最終大勝的堅厚基礎。

王恭手抓兵權後，爲了揍人家王國寶，又重新任用劉牢之。但王恭以爲自己不知道是官幾代了，還是皇上的親舅舅，那個驕橫勁兒簡直沒法說，待劉牢之沒什麼禮數，只以爪牙武將待遇之。劉牢之也不是個省油的燈，挺自負的，所以心裏氣得冒煙。司馬道子世子司馬元顯知悉此事後，這個少年陰謀家大喜，忙派人勸說劉牢之造反。

劉牢之造反殺了王恭。王恭五個兒子、王恭弟王珣以及王恭一個侄子皆同日被殺，只有一個庶子當時年幼，寄養在乳母家。王恭從前的下屬把小孩子偷送至桓玄處，得以撫養，才留下這一根獨苗。直至桓玄執政，王恭才被平反。

雖化解了一次重大政治危機，但會稽王司馬道子嚇得染上重病，但仍把酒當命根子。司馬元顯眼看他爹就要活不成，就挖親爹的牆腳，讓朝廷罷了他的官，並自代揚州刺史一職。大醉數日之後，司馬道子酒醒，才知自己躺著也中槍，已經被解除了兵權。

司馬元顯年方二九美少年，又像老狐狸一樣狡猾，背後又有廬江太守張法順這個官場老油條爲他出主意，常常有出人意料之舉。不久，司馬元顯又任錄尚書事。時人稱司馬道子爲東錄，稱司馬元顯爲西錄。父子分家，兒家車騎盈門，爹家門可羅雀。政治場中的趨炎附勢，於此可見一斑。

當初王恭這邊一造反，那邊孫泰假借討伐王恭，編了一套說法，建立邪教。司馬元顯掌權後，也聽說這位妖道壯陽秘術，多次前往其住處求索「偉哥」秘方。孫泰自認爲晉朝要玩完了，就以「五斗米道」作招誘，陰謀作亂。朝廷雖然對這事也知道的不少，但因他與司馬元顯交情深厚，沒有人敢揭他老底。

「五斗米道」源於東漢，其原本教義並無太大危害性。但經杜子恭、孫泰等人掌握後，妖言惑眾，不斷增添「新內容」，就慢慢變成了邪教。孫泰被宰後，他的徒子徒孫聽說了，都認爲教主是「蟬蛻登仙」，紛紛聚集，一起站在海邊，向海中拋灑金銀寶物以及美酒美食，祭饗這個妖人。

孫恩心眼其實比針尖大不了多少。他的叔叔孫泰被殺不久，他深知司馬道子父子怨播天下，就憑藉邪教駭人的招聚力，在極短時間內聚眾數萬，一下子就殺掉了吳中八郡王凝之等數個地方官，其中包括謝安的兩個兒子謝邈和謝沖，東晉朝廷的內憂外患剛剛消停了幾個月，就又不能安寧了。

孫恩佔據會稽後，自號征東將軍，名其邪教教眾爲「長生人」，當地士眾凡有不服從者，就全家殺光光。攻克諸縣之後，孫恩邪教組織即把當地守官殺死肢解，大鍋

煮熟，並當眾逼迫守官的妻兒吃掉親人的屍體，凡有不從者，就又虐殺臠割，極盡酷殘之能事。

這下倒好，東晉之地，本來除了桓玄、劉牢之、楊佺期等佔領的廣大地盤外，朝廷的號令只在三吳之地行得通。現在孫恩造反，八郡皆陷，賊寇蜂起，連建康城內都有不少邪教教徒潛伏，東晉王朝幾乎只剩下一個空架子。晉廷想：我不打你，你就不知道我文武雙全，就派了大將領兵征討孫恩。

畢竟是正規軍對小流氓，東晉政府正規軍一到，孫恩亂民之伍紛紛敗北。亂世出英雄。孫恩之亂也引出一位日後功高一時、終結了大晉的大英雄劉裕。劉裕加入了晉軍，外出執行巡邏任務，突遇邪教賊眾數千。劉裕手執長矛，仰頭亂捅，挑死數名賊人，大叫衝殺，數千賊眾嚇得一哄而走。一戰成名，劉裕橫空出世。

劉牢之大軍打過來，孫恩忙裹脅二十多萬男女百姓向東逃竄，並沿路丟棄金銀財寶和美女。劉牢之的部隊各自爭搶美女寶物，竟使得大邪教頭子跑到海島躲起來。吳地的老百姓等到花兒都謝了，才盼來了「官軍」，誰料盼來的卻是一群餓狼。

東晉安帝元興元年（四〇二）二月，晉廷給桓玄扣了不少大帽子，然後派大軍去揍他。在下達的這些征討命令中，處處都把司馬家的人放在權重位高的地方，「司馬昭之心」已表露無遺。安帝是個傻子，只比豬多了頂帽子，所以所有這些詔令，均出自司馬元顯及其左右之手。自己封自己，那還不是小菜一碟？

劉牢之一直煩著司馬元顯。他害怕滅掉桓玄後，司馬元顯尾巴會翹得更高，同時又怕鳥盡弓藏，功高不賞，因此劉牢之一直首鼠兩端。此時，他有一種一廂情願的想法：先借桓玄之手除掉司馬元顯，然後瞅準機會，再借機幹掉桓玄。所以當劉牢之的參軍劉裕自告奮勇要領兵擊桓玄時，自然不被允許。

劉牢之的兒子劉敬宣、外甥何無忌以及參軍劉裕都勸他，認爲桓玄狼子野心，是第二個董卓，應嚴加防備，不宜與其溝通。劉牢之大怒，說：「我當然知道桓玄不是好東西，今日取桓玄易如反掌。但是，平滅桓玄之後，司馬元顯又會想方設法除掉我們！」看吧，這個人才是個合格的流氓呢。

對於桓玄來說，真是福無雙至今日至。邪教頭子孫恩被東晉臨海太守辛景打得大敗。這次再無好運，晉軍追得孫恩上天無路，入地無門，實在無路可走了，邪教頭子只好投海而死。

孫恩入水成仙，還剩千把個凡人流氓，就選舉孫恩妹夫盧循當大王。桓玄高興之餘，又覺盧循「官二代」（其曾祖是晉朝司空從事中郎盧湛），就封盧循爲永嘉太守。盧循不甩他，很快就又興兵攻打鄰近州郡，桓玄只得令劉裕去征討，打得盧循連連敗北，乘船逃往嶺南，佔領了廣州。

東晉朝廷一直疑忌桓家子弟，始終壓制著不讓姓桓的當大官，桓玄也是直到二十三歲時才得到一個太子洗馬這樣的「素官」，根本沒有實權。孝武帝時，桓玄知道當時大家曾議論紛紛說他爹桓溫晚年有篡奪念頭，就羅列桓溫的功勞事蹟，給皇帝看，說他有不世功勳，要求給他爹公開平反。

隨著時間的增長，憑藉門第貴顯以及父親名望，桓玄利用自己的聰明才智，最終能在東晉的混亂政局中節節而勝，一步步清滅了殷仲堪、楊佺期、劉牢之、司馬道子父子，終於掌握了東晉朝廷的最高權力。只是，桓玄掌權後，已大有權臣跋扈的風範。朝中大政皆要他點頭後才可施行。

桓玄剛當家不久，大臣們也很給面子擁戴他。可惜，沒過多久，這位名家子弟的真面目便暴露出來了，爲清除異己，桓玄相繼誅殺晉廷有功之臣。他虛榮好吹牛，又貪婪，在姑孰，桓玄又造數艘輕巧小船，把值錢的東西放上去，說兵荒馬亂，倘有意外，這些東西好運走。這讓大家都看不起他。

安帝元興二年（四〇三）九月，桓玄親哥哥桓偉上了天堂。這刺激到了桓玄，加快了篡晉的步伐。桓玄還在扭扭捏捏的時候，還是手下人給力，不但天天在耳朵邊聒噪著勸他趕緊接受禪讓，甚至私下已經把九錫文和冊命準備妥當了。元興二年陰曆十月丙子，桓玄封王、開府、置官、加九錫，這是篡位的第一步。

桓玄既當婊子又立牌坊，先是假惺惺「上表請歸藩」，同時，他又派人讓傻子安帝「手詔留之」。桓玄還到處使人散佈錢塘臨平湖開、江州甘露降這樣的「符瑞」，宣示自己登帝位的「吉兆」。和王莽一樣，才子出身的桓玄又想在國內廢錢，用穀帛作交換單位，恢復肉刑，可惜心比天高，最終一件事也沒辦成。

彭城內史劉裕則期待著桓玄篡位事成的那一天。其實，早在來京之前，劉裕與高參何無忌就想在山陰起兵討桓玄，但當地人孔靖勸他：「山陰離建康道遠，舉事難成。現在桓玄未篡位，不如待其篡位之後，於京口起兵紂之。」梟雄氣度，自是不與凡人相同。只是桓玄可憐，居然遇到了一隻老狐狸。

萬事俱備，西元四〇三年陰曆十一月丁丑，卞範之作「禪詔」，派臨川王司馬寶逼安帝照貓畫虎抄了一遍，禪位於桓玄。十二月庚寅，壬辰，繼皇帝位，追尊桓溫爲宣武皇帝，桓溫正妻南康公主爲宣武皇后，封子桓升爲豫章王。桓玄封安帝爲平固王，遷於尋陽軟禁。桓玄這人還算厚道，對司馬宗室及安帝兄弟並未加害。

改朝換代了，當然要改元。桓玄喜歡吉利文字，就改元爲「建始」，命令一下，右丞王悠之忙進言說「建始」是「八王之亂」中趙王司馬倫篡位用過的年號，不吉利。桓玄馬上下令更改，改爲「永始」，但這個年號，又是當年王莽當權西漢時的不祥年號。冥冥之中，似乎已經預示了桓玄政權崩潰的結局。

更玄的事還在後面呢。改朝換代已畢，桓玄的儀仗大隊從姑孰出發，向建康皇宮進發。當日大風異常，所有的儀仗旗皆被吹折刮散。桓玄臨登御座，大龍椅子忽然散垮，朝臣們皆倉皇錯愕。幸虧殷仲文有捷思，忙在一邊說：「陛下聖德深厚，地不能載也。」知識分子拍馬屁，就是有板有眼，恰到好處。桓玄高興得合不攏嘴。

桓玄為了宣示他的仁主形象，忘了他是哪個單位的，以皇帝之尊，親坐殿中面審罪人，罪無輕重，都一律釋放，以示其「寬仁」。百姓中不少有當街攔乘輿呼冤叫貧的，桓玄時時散金銀與之，行此小惠，以惑人心。他喜歡炫耀自己的學問大，大臣的奏章連筆劃之間稍有細誤，都會挨批。天子似吏，臣下苦不堪言。

桓玄好排場，開大門，修大路，造大車……除了心眼不大，其他的都要求大。尤其是造的大車，能坐三千人，要兩百個人拉車（可入金氏記錄）。他還愛好出外打獵，令人製作了極其精巧的「徘徊輿」，機關眾多，轉動靈活，近乎現代汽車的古代版。由於他這樣勞民傷財，大家都想造他的反。

為了拉攏朝臣鎮將，桓玄對劉裕分外看重，提拔他為徐兗二州刺史，並在朝會後盛大的酒會上親自向他敬酒。桓玄的皇后劉氏有鑑人之明，對老公說：「劉裕龍行虎步，視瞻不凡，恐終不為人下，不如早除之！」桓玄卻滿不在乎，說：「等到關、洛平定，我再想除他的辦法。」

不知道皇后真的是金口玉言，還是長著一張烏鴉嘴，結果不幸言中。劉裕還京口，正所謂放虎歸山。他馬上與何無忌、劉邁等人密謀興復晉室，討伐桓玄。主意已定，劉裕遣人入京聯繫，又招兵買馬，以劉穆之爲主簿。西元四〇四年春，何無忌詐稱詔使，率人騙開京口城門，直衝府門，立斬桓修，佔領了京口重城。

劉毅之兄劉邁是個膽小傢伙，在京城接到劉裕等人的密信後，驚嚇過度，竟然拿著密信向桓玄「自首」。桓玄大驚，立封劉邁爲重安侯，殺了與劉裕有聯繫的王元德、童厚之等人。第二天，桓玄想想不妥，又殺掉了劉邁。劉邁這個侯爺當得冤枉，不過十二個時辰。眼見天下亂起，桓玄只得硬著頭皮加以應付。

堂兄桓謙等人要求馬上齊集大軍先下手爲強，桓玄強著不聽。眼見桓玄發愁，左右就勸解說：「劉裕烏合之眾，勢必無成。」桓玄此時倒有見地：恐怕打不過劉裕啊。果然桓玄的烏鴉嘴很靈。皇甫敷、吳甫之二將與劉裕苦戰江乘（今江蘇句容），均被斬首，全軍覆沒。而人家劉裕，手下只有將士不滿兩千人。

桓玄又命桓謙、卞範之（這名字好，便飯之，肯定不會公款吃喝。）等人合軍二萬，堅守覆舟山。不攻反守，桓玄敗象已定。劉裕軍早晨進食一飽，悉棄餘糧，以示必死之心。進攻開始，劉裕、劉毅身先士卒，手下將士皆死戰前衝，無不以一當百，呼聲震天動地。桓謙軍隊一時大潰，許多先前的北府兵也不戰而降。

劉裕鳩占鵲巢，佔領了建康，燒了桓溫的靈牌，又把桓家沒來得及跑路的宗族殺了個一乾二淨。桓玄逃至尋陽，帶上廢帝晉安帝等人，「遷都」江陵。這時候的氣勢倒也不算弱，如果總結失敗教訓，養兵休整，桓玄還有翻盤的可能。但他卻埋怨諸將無能，輕怒妄殺，使屬下之人紛紛離怨。

牆倒眾人推。桓玄逃返江陵，身邊的屯騎校尉毛修之是毛璩侄子，眼見大勢已去，很想拿桓玄當作立頭功的籌碼，便勸誘桓玄入蜀。桓玄從之。這桓玄也是該死，自他稱帝後，首倡義旗討伐他的就是毛璩，危急之時，竟然聽信毛氏族人，自己前去送死。這真是人不知所謂。

桓玄一行人傻乎乎地大張布帆，向益州軍船駛來。眼看距離不遠，毛祐之令手下人放箭，迎擊桓玄。矢下如雨，桓玄身邊兩太監真的很忠勇，以身蔽桓玄，皆被射得像刺蝟一樣，登時身死。就這樣，桓玄仍身中數箭，血流不止。他六歲的小兒子桓升一面哭，一面用小手拔去父親身上的羽箭。

益州護葬軍士中，一個叫馮遷的小頭目很勇悍，第一個跳到桓玄船頭，提刀直前。桓玄喝問：「你是何人，敢殺天子！」桓玄本人也是英武能戰之人，當時之所以沒動手，筆者估計，一是因爲有兒子在身邊，二是因爲已徹底絕望。馮遷大叫：「我來殺天子之賊耳！」一刀揮至，桓玄頭落，時年三十六。

六歲小兒桓升雖是小孩，眼見周圍父親、叔叔、堂兄的人頭滾滾，敵人紛紛登船，仍鎮靜不凡，說：「我是豫章王，諸軍勿見殺。」益州兵將雖暴橫，見這麼一個粉雕玉琢的小娃娃如此舉止，均沒敢動手。古代的小孩子怎麼都這麼人精。可惜的是，胳膊擰不過大腿。小孩子後來被送至江陵後，也被劉裕殺了。

由於劉毅等人擊敗桓玄將領馮該，桓謙逃走，眾人迎安帝反正。桓振強打精神，收拾起潰軍，然後重新攻打江陵，敗中取勝，竟能大敗東晉宗室司馬休之（譙王司馬尚之弟）。最後，桓振身邊僅剩數十人。大概是內心深知日暮途窮，晉軍放箭桓振也不躲，身中數箭，仍前衝不畏。最後，這位桓家勇將也戰死於沙場。

桓謙聽說桓振戰死，就逃到後秦。後來，他又入蜀，與譙縱等人反晉，被晉將所殺。桓氏親族中，只有桓沖之孫桓胤被特赦，流放到新安軟禁。但殷仲文等人日後「謀反」，想推立桓胤為桓玄之嗣。事發，桓胤也為晉廷所殺。桓氏一家，煙消雲散。孫恩亂平，桓玄又死，但東晉的國祚，也馬上要走到盡頭了。

微歷史大事記

晉穆帝永和八年壬子（三五二），苻健稱帝。

西元三五五年，苻健病死，太子苻生即位。

西元三五七年六月，苻堅聯合庶兄苻法發動政變，格殺苻生。苻堅登基。

西元三七六年，苻堅滅前涼。

西元三八三年，淝水之戰。

西元三八五年五月，苻堅被後秦軍俘虜。八月，被後秦天王姚萇縊死。

西元三九四年十月，前秦最後一任皇帝苻崇被殺，前秦滅亡。

第八章

老將出馬

神功蓋世劉老大

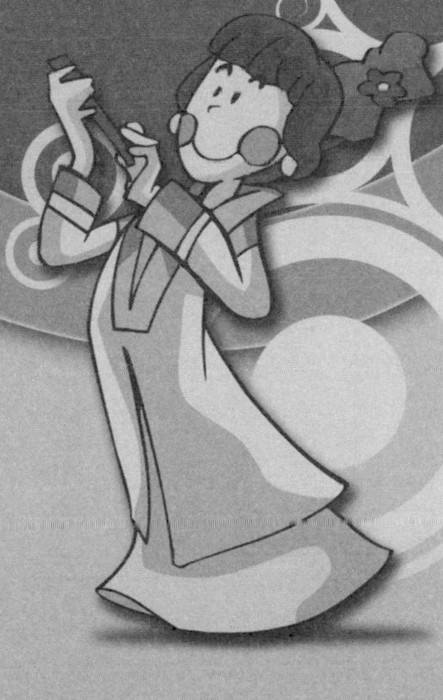

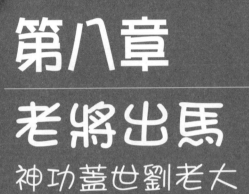

第八章 老將出馬

神功蓋世劉老大

據說劉裕是漢高祖劉邦的弟弟劉交的後代，估計也是瞎認祖宗。其實，劉裕絕對是城市無產者出身，家徒四壁，終日遊手好閒，窮得叮噹亂響，還特好飲酒賭博。當然，英雄不問出處，等他後來當了開國皇帝，連青年時代的遊手好閒、「不事產業」，也成了「有大志」的一種表現了。

劉裕是個窮人，百分之百屬寒人階級。此人身軀偉岸，長七尺六寸，「風骨奇特」，無疑有一副衝殺拼命的好身板兒。孫恩亂起，劉裕初顯身手，真正是一刀一槍拼出的功名。而且，在眾寡懸殊的情況下，劉裕賭徒的性格畢現，竟敢一冒而起，扳倒本來已經代晉稱帝的桓玄，不能不說是魄力至偉之人。

因爲擁戴安帝復位，對晉室有「再造」之功，晉廷封劉裕爲侍中、車騎將軍、都督中外諸軍事，使持節、徐青二州刺史如故。劉裕「固讓」。晉廷又「加錄尚書事」，劉裕「又不受」，屢請歸藩。劉裕愈推讓，群臣愈積極，簇擁著安帝親幸劉裕宅第。「高祖（劉裕）惶懼，詣闕陳請，天子不能奪。是月，旋鎮丹徒」。

此時的劉裕，誠惶誠恐想必還不是假裝。一是當時劉裕的政治資歷較淺，雖新立大功，但仍沒有多少可以篡人國家的勢力基礎。二是桓玄之滅，也使他清楚地看到，冒險稱帝是件多麼危險的事情。但有一點，劉裕已經很有前輩權臣的風采：移鎮京都之外，遙控朝廷。這樣做，可以更加進退自如，以觀時變。

嶺南之地的孫恩妹夫盧循、徐道投降晉廷。盧循爲人詭譎，得便宜還賣乖，派人送給劉裕一大簍「益智粽」（意思是指劉裕你缺心眼，應多吃這種粽子益智補腦）。劉裕市井出身，當然明白其中含義，便回贈盧循一大罈「續命湯」中藥（意思是先留你一條命讓你再多活些時間，等我有空一定去收拾你）。這倆人，還真有才。

劉裕還真走了狗屎運，他內政搞得差不多，在外交方面也取得了空前勝利。他派使臣出使後秦，向姚興示好，並要求討還原爲東晉領土的南鄉諸郡。姚興大儒出身，竟出人意料地答應交還如許一大片土地。在互相攻殺的東晉十六國時期，這種「不戰而屈人之兵」的天方夜譚般的故事，竟被大英雄劉裕變成了現實。

當時，北燕正遭國變，國主慕容熙被殺，大夏的赫連勃勃和後秦姚興兵戈相見，互相攻伐得十分厲害。南燕新任國主慕容超不知道自己能吃幾個饅頭，派兵進攻東晉淮北的宿豫城，大掠男女士眾。而南燕這次攻伐東晉的目的，完全與開拓疆土無關，只是因爲慕容超喜好音樂，擄掠人口是爲了強迫這些良家子女學習音樂技能。

劉裕得訊，又氣又喜，正好拿南燕這個扁軟的柿子下手，以顯示自己攻無不克的聲威。這個自動送上門的倒楣蛋慕容超所統治的南燕非常短命，只傳兩代，共十三年，是十六國中僅比冉魏年頭稍長的一個國家。南燕的「開國」君主是慕容德。他本人倒也文韜武略，而且好像很有狗屎運。

東晉安帝隆安二年（三九八）春天，慕容德率大隊人馬抵達衛河黎陽津，大風突起，船隻全被吹垮吹散，而尾隨的北魏悍兵大隊人馬即將殺至。萬分危急關頭，當夜氣溫突降，河水忽然結冰變實，十來萬軍民及近三萬輛車馬竟然安全渡河。更奇的是，隔天早晨北魏兵趕到河邊，豔陽高升，冰又化了，只能望河興嘆。

這次死裏逃生，慕容德信心倍增，以爲己有神助，便自稱燕王，稱元年，置百官。沒過多久，後燕皇帝慕容寶逃到黎陽。大將慕輿護得知主上心事，要求尋找那位倒楣的皇帝，好一刀結果了這個後患。「慕容德流淚而遣之」。（讀書人出身的王爺就是會演戲，要幹掉侄皇帝，也得擠出一把淚水。）

西元四〇五年（東晉安帝義熙元年）秋，慕容德病死，在位六年，終年七十。老頭子遺言死後即葬，虛棺十餘，潛葬山谷，時人莫知其墓所。彌留之際，可能這位慕容氏人傑已有不祥之兆，預估到世祚不久，免得屍身再被敵國刨出來餵狗。其侄美男子慕容超登上了十六國紛繁歷史的一個小舞臺。

慕容超繼位後，在廣固城內大殺異己，樹立權威。至此，南燕已呈衰敗之象。古代的孩子都給力。慕容超繼位時，才二十一歲，因爲童年經歷，按常理，他該是一個知民間疾苦的好皇帝。而且，當年他裝瘋賣傻，證明他的智商肯定超出常人。但是，他踐登帝位之後，凡是昏君應有的特徵全部出現。

天作孽，猶可爲；人作孽，不可活。其實，當時的劉裕在東晉國內還未樹立起絕對的權威，假使慕容超不派兵掠境，劉裕再怎麼琢磨，也不會把目光投向這位關係還算不錯的近鄰。東晉安帝義熙五年（四〇九）四月，劉裕上奏朝廷，要征伐南燕。苦戰多日，幾經反覆，慕容超被晉軍生擒。

劉裕命人把慕容超送建康處斬，時年二十六，在位六年。而劉裕也成就了一番大功名。可見，大英雄立功名，絕不可在「大家」首肯的情況下才行動。該出手時就出手，由此，得勝後所造出的後果則更具震撼性。

劉裕屠殺王公以下三千人，沒入家口萬餘，夷其城隍，其他幾個慕容王國，宗室也大多被連根株除，使得中國歷史上基因甚爲優秀的一個家族基本上被消滅殆盡。

安帝義熙六年（四一〇）底，劉裕集大軍於大雷（今安徽望江）征討盧循。盧循自知此次難逃一死，便先用毒酒把自己的妻子、兒女十多人盡數毒死。然後，讓兩三個願陪他死的美女出艙，放她們一條生路。接著，他盡數毒死了那些不願與他一起同死的美女。怔忡片刻，望著滿船的美女屍體，盧循攀上船頭，赴水而死。

滅南燕、平盧循，聲名赫赫，劉裕便把他那「獵人」的目光轉向朝內。首當其衝的，非劉毅莫屬。劉毅與劉裕是同鄉，也是戰友。桓玄稱帝後，劉毅、劉裕等人共謀起事，劉毅京口倡義，首斬桓修。此後，江乘之戰，覆舟山大戰，崢嶸洲大戰，劉毅均身先士卒，殊死拼鬥，桓玄之滅，劉毅確實有一大半的功勞。

桑落洲一戰，是劉毅威望急劇下挫的一個轉捩點，此戰他所損失的不僅僅是數萬精兵，最重要的是他輸掉了名聲。以前，二劉均以平桓玄之功，在朝廷不相伯仲。如今，劉裕剛立滅南燕的大功，又把嶺南削平，功業方面，劉毅這個敗軍之將再也提不起精神來與劉裕抗衡。弱肉強食的地方，人們不同情弱者。

劉毅也有他的取死之道。他不懂低調，當了高級公務員後，隨意升降所統屬官，並在「不請示，不彙報」的情況下，把眾多大臣和精兵劃撥至自己麾下。更倒楣的是，每逢有大事發生前，劉毅就「疾篤」。謀士郗僧施等人恐怕劉毅哪天暴死，一幫人失掉主心骨，便勸劉毅調劉藩來當副手。

因爲這些，惹得劉裕火從心頭起，上表請誅劉毅。劉裕自率大軍討劉毅。知道要壞事，劉毅自率幾百兵士，從北門突圍至江陵城北二十多里的牛牧佛寺時，劉毅要入內躲藏。寺僧隔著門縫表示拒絕，說：「從前我師傅收容了逃跑的桓蔚，被劉衛軍（劉毅）下令殺掉，現在，我們實在不敢收留陌生人。」

這話可是大有來頭的。七年之前，劉毅平滅桓氏，嚴刑峻法，至此，終於有了「報應」。劉毅愣了半天，嘆道：「爲法自斃，一至於此！」眼見逃藏無地，劉毅在

寺門邊找了棵歪脖樹，自縊而死。轉天早晨，有人發現劉毅屍體。人死罪不免，劉毅屍身仍被抬入江陵市內，斬首示眾，兄弟子侄皆伏誅。

西元四〇五年（安帝義熙元年），當地大族譙縱稱成都王，割據一方。譙縱稱王後，又向後秦姚興稱臣，聯合桓玄堂兄桓謙，不停進襲東晉，給荊楚之地造成很大威脅。劉裕在擊滅劉毅之後，征伐成都。西元四一三年（安帝義熙九年）六月，晉軍攻破成都，譙縱走投無路，自縊而死。至此巴蜀皆平，重歸東晉所有。

這樣的百戰百勝，讓劉裕做事更加無所顧忌。安帝義熙十二年（四一六）三月，後秦皇帝姚興病死，太子姚泓繼位，主懦國疑，終於讓劉裕盼來了北伐平秦的最佳歷史時機。後秦皇帝姚興，字子略，羌人，自太元十九年（三九四）即位起，共爲帝二十二年。姚興之父姚萇，是中國歷史上人品最差的帝王之一。

當年苻健開國不久，其大將苻黃眉殺姚襄後，俘姚萇，準備立時斬殺，幸虧當時同爲大將的苻堅解勸，留姚萇一命，並以公侯之禮下葬了姚弋仲、姚襄父子，待姚萇可謂仁至義盡。淝水大敗後，姚萇以怨報德，雪上加霜，不僅趁亂起兵反叛，最終還把苻堅大帝縊死於新平佛寺，十足缺德帶冒煙。

老子缺德兒子賢。姚萇雖缺德到家，其子姚興卻是中國歷史上少有的仁德帝王。姚興當上皇帝後，平滅苻登，大定關中，徹底清除了前秦殘餘勢力。姚興以儒興國，勸課農桑，收用賢士，廣納善言，十分勤儉廉平。姚興的儒學教養已臻至境，是十六國帝王中具有極高修養和個人品德的佼佼者。

當時晉室已失人心，皇帝又是個大傻子、木偶人一個，大家知道忠於晉室沒有任何好結果，「人好逸而不憚勞，人好生而不畏死」，文武將士之所以不知疲倦地隨劉裕東征西殺，都是想攀龍附鳳，貪圖立功於新朝，因此，劉裕權位愈重，他們的希望就越大。有此依恃，劉裕本人也就日益「膽大妄爲」。

劉裕急返江東，實是他平生一大敗筆，也是他周圍謝晦等短視謀士出餿主意的結果，這些人貪擁佐命之功，總是想劉裕快登帝位，既無平吞天下之志，又缺忠貞仁義之心。

一直覬覦關中的夏王赫連勃勃聽說劉裕東還，大喜過望，出兵長安。沈田子、王鎮惡兩人合兵，出長安以北共拒夏軍。沈田子派人在軍營中散佈謠言，說王鎮惡要造反。看見謠言已有效果，沈田子用計殺死王鎮惡。更過分的是，沈田子又派人殺掉在營中沒有任何防備的王鎮惡兄弟和堂弟七人。

赫連勃勃得勝後，他在長安城外大開慶功宴，把數萬晉軍的人頭堆在一起，築土成「京觀」，號爲「骷髏台」，以彰其功。長安城內，居民憤恨晉軍無道，自發起義，把朱齡石驅逐出城。朱齡石臨走，也喪心病狂，一把火把後秦苦心經營多年的華麗宮殿燒個乾淨，自率敗兵奔潼關。長安終爲赫連勃勃所得。

劉裕聽說晉軍打敗的消息，愛子心切，又不知劉義真存亡與否，即刻整理行裝又要北伐。準備之中，忽得段宏書信，知道劉義真安然無恙，老頭子才放下一顆心，犧牲無數將士、百姓人命，耗費無數錢財物力，關中得而復失，是劉裕一生最大的敗筆。一切的一切，皆由他想篡晉自立的私心而起。

劉裕當時已年近六十，活不了幾年了，等不及安帝「善終」，就密命中書侍郎王韶之得間鴆殺安帝。安帝雖是個大傻子，但他弟弟琅琊王司馬德文終日侍奉左右，王韶之等人一直沒機會下手。西元四一八年年底，適逢司馬德文患病，回府休養，王韶之就用衣帶把傻子皇帝活活縊死於東堂，時年三十七。

安帝被送去見了上帝，劉裕立琅琊王司馬德文爲帝，以應讖言帝數，是爲東晉最後一位皇帝：恭帝。恭帝元熙元年（四一九）八月，晉廷進劉裕爲宋王，移鎮壽陽。西元四一〇年三月，劉裕想受禪想得要發瘋，就以退爲進，假說要告老退休。事起忽然，在座大臣誰也不知道這位「宋王」葫蘆裏賣的什麼藥。

世間馬屁精總是不少的。晚間宴會結束，中書令傅亮走出府門好遠，忽然開悟。他連夜返回劉裕王府，叩門請見。劉裕馬上開門召見。傅亮行禮畢，先開口說話：「爲臣現在馬上回都城建康。」傅亮回建康，馬上操辦禪讓典禮的事情，以詔命

「征」劉裕「入輔」，並幫助劉裕定下一系列重要人事的安排。

西元四二〇年陰曆六月壬戌日，劉裕到了建康。傅亮入宮，「諷晉恭帝禪位於宋」，並把已經擬好的詔草呈上，讓司馬德文照抄一遍。「帝欣然操筆，謂左右曰：『桓玄之時，晉氏已無天下。今日推國與宋王，本所甘心！』」於是自書赤詔，「禪讓」天下。至此，東晉亡國，自元帝建號江東，共一百零三年國祚。

不同史書雖然對東晉恭帝當時的記載有異，但都有「欣然」二字。晉恭帝司馬德文二十多年以來，少年時代就隨侍傻哥哥安帝左右，眼看著東晉亂象，驚懼寒悸，傻哥哥不知，他自己皆飽嘗個遍！兄皇暴死，自己被推上帝座，想必也度日如年如坐針氈，忽然見到「判決書」，知道大戲即將謝幕，不能不「欣然」。

劉裕終於得償心願，登壇南郊，繼皇帝位，是爲南朝宋武帝，改元永初。封晉恭帝爲零陵王，徙至秣陵縣，派重兵禁守。晉恭帝怕被人毒殺，常與其妻褚皇后自己煮食吃飯。一年多後，劉裕派褚皇后的兄弟攜毒酒去弒恭帝。恭帝信仰佛教，認爲自殺者不能轉投胎爲人身。幾個兵士就用被子把恭帝活活悶死，時年三十六。

天理循環，報應不爽。篡位而殺前朝帝王，就從劉裕開始。一報還一報，日後南朝末帝基本都是非正常死亡，均被新帝派人弄死。把人弄死就弄死了，劉裕還貓哭耗子，大開「追悼會」。一般朝代滅亡，大多亡於暴帝淫君之手。唯獨兩晉，實是亡於

兩個傻子，皆「行屍視肉，口不知味，耳不知聲音者也」。

劉裕這個人很摳，稱帝之後，也不玩什麼新鮮玩意，常穿連齒木屐，在神虎門外散步爲樂。他一生中兩次北伐的光輝勝利，撐起整個南朝時代的立國基礎。由於他本人出自寒門，知民間疾苦，採取諸多措施，減輕了人民的負擔，抑制了豪強勢力。其子宋文帝日後鼎鼎大名的「元嘉之治」，實賴劉裕的豐厚基礎而成。

微歷史大事記

東晉安帝義熙五年（四〇九）四月，劉裕滅南燕。

安帝義熙六年（四一〇）底，劉裕滅盧循。

安帝義熙十二年（四一六）三月，後秦皇帝姚興病死，太子姚泓繼位。

西元四一八年年底，傻子皇帝被縊死於東堂，時年三十七。

西元四二〇年陰曆六月壬戌日，晉恭帝禪位，東晉亡國。劉裕得償心願，繼皇帝位，是為南朝宋武帝，改元永初。

西元四二二年，劉裕病死。

第九章

北魏王朝

讓人不能不愛

第九章 北魏王朝

北魏是中國歷史上一個非常重要的國家（朝代），沒有北魏，就沒有北周，就沒有北齊，也就沒有隋唐。西元三三八年，什翼犍自稱代王，建都盛樂，加速了拓跋部立國的步伐。而真正使北魏成爲一個雄踞中國北方的王朝，則陸續是由太祖道武帝拓跋珪、太宗明元帝拓跋嗣和世祖太武帝拓跋燾來完成的。

拓跋部的什翼犍經過三十多年苦心經營，兼併鄰近諸部，節節勝利。眼見開國有望，他自稱代王，可惜老天爺不站在他一邊，恰值比他更英武豪雄的前秦苻堅弒苻生自立。苻堅先是滅前燕慕容氏，而後就把目光投向什翼犍的代國。被什翼犍打敗的劉衛辰往南跑到苻堅處求救，正給了苻堅大帝攻伐代國的最佳藉口。

西元三七六年，前秦大司馬苻洛率兵進攻代國，獨孤部、白部這樣的小部落根本不值一提，紛紛敗退，什翼犍屬下的南部大人劉庫仁也在雲中倉皇敗逃。什翼犍的世子拓跋寔君一直覬覦王位，他和拓跋斤帶人殺掉慕容妃異母弟，順便把什翼犍也一刀結果。可憐老英雄征戰一生，最終死於逆子之手。

龍生九種。一個兒子殺了爹，卻有一個兒子用自己的命救過同一個爹。代國滅亡前五年，什翼犍的大臣長孫斤謀反，一次朝會時，他拔刀直奔御座想刺殺什翼犍。當時身爲嫡子的拓跋寔徒手與其格鬥，以身護父，被長孫斤刺中肋部，傷重而死。代國滅亡時，拓跋寔的兒子拓跋珪年紀尚幼，被生母賀蘭氏帶著逃走，歸依劉庫仁部。

拓跋珪也是個天才兒童，生下來就是個大胖孩子，體重比平常的嬰兒重一倍，年紀很小就會開口說話。爺爺什翼犍死時，拓跋珪年僅六歲。逃過幾次劫禍，大難不死，加上他是什翼犍嫡長孫的身分，十七歲那年，拓跋珪在牛川即代王位，改元登國。同年四月，拓跋珪改稱魏王。

劉衛辰派兒子攻擊賀蘭部，面對拓跋珪如此雄主不僅不避其鋒芒，反而再三侵掠，趁拓跋珪伐柔然之際，又派兵攻擊魏國南部。拓跋珪大顯神威，殺了直力鞮。劉衛辰只好逃跑，路上被手下所殺，首級被送到了魏國。

拓跋珪憶起新仇舊恨，把俘獲的衛辰家族五千多人不分老少，全部殺死，投入黃河中，一時間河水全部變成紅色。劉衛辰全族盡滅，只有劉衛辰的第三子勃勃逃脫，就是後來建立大夏國的那位殺人如麻、積屍成京觀的赫連勃勃。

早些時候，拓跋珪爲了巴結慕容垂，曾派弟弟拓跋觚向後燕進貢，慕容氏的年輕後生們知道北魏多良馬，就扣下拓跋觚當人質。拓跋珪做事也很剛狠，堅決不向燕國獻馬，兩國的關係也就陷入了斷絕的地步。既然撕破臉皮，一不做二不休，拓跋珪不時派兵襲擾燕國邊境，侵逼降附後燕的部落。

燕軍統領、太子慕容寶是個完完全全的繡花枕頭。可能慕容垂臨老變得昏庸，沒能聽得進賢后和大臣之言，仍派慕容寶率兵滅魏，也想讓這位太子兵勝立威，日後更順理成章的承繼帝位。慕容寶出發時，慕容垂已經得了重病。拓跋珪派人截守燕國使者，隔河對慕容寶大喊：「你死爸喊你回家吃飯，還不早點回去爭位！」

有的人還活著，他已經死了；有的人活著，他早該死了。燕軍行至一個叫參合陂的地方，忽遇大風，黑氣如堤，自後而前，飄忽於軍營之上。隨軍一個叫支曇猛的和尚勸慕容寶派兵防禦，慕容寶認爲已經離魏軍很遠，笑笑沒有答應。和尚又急又氣，激動得直哭，諫道：「苻堅以百萬之衆，敗於淮南，還不是因爲恃衆輕敵啊。」

魏、燕兩軍大眼瞪小眼相持幾十天，趙王慕容麟手下將領慕容嵩認定老皇帝已死，暗中作亂，想殺了慕容寶奉戴慕容麟爲皇帝，自己搶個新皇功臣當當。事情敗露，慕容嵩等被殺，慕容寶、慕容麟兄弟兩人暗中也互相猜疑。十月，燕軍燒船夜遁。太子慕容寶、趙王慕容麟等人因所騎的馬好才死裏逃生。

歷史上共有四次大的活埋敵軍的行爲。第一是秦將白起在長平「坑趙卒四十萬」，第二是楚霸王坑投降秦軍二十萬，第三是唐朝薛仁貴活埋鐵勒軍十三萬。第四次是這次拓跋珪把近五萬燕兵全部活埋。「殺降不祥」，白起被秦王迫逼自刎，項羽自殺於垓下，道武帝拓跋珪被兒子殺死，唯獨薛仁貴得七十之年善終。

西元三九六年四月，慕容垂這個七十多的老頭子也煥發第二春，以皇帝之尊，親自率兵攻打魏國。薑是老的辣，平城魏將拓跋虔一戰敗死，部下皆降。這下，輪到魏

王拓跋珪肝膽俱裂，嚇得他想馬上從都城逃跑，可當時屬下諸部落聽說拓跋虔敗死的消息，都懷有二心。拓跋珪又急又怕，不知能往哪逃竄。

天不亡魏。燕軍經過參合陂，見到積骨如山，殘屍遍野，燕軍見此慘狀，放聲大哭，聲震山谷。慕容垂悲從中來，慚憤吐血，在距平城三十里的地方舊疾復發。十天後，慕容垂死於軍中，「死諸葛」能嚇走「活仲達」，又老又死的慕容垂也能嚇得年輕英武的拓跋珪想追卻又不敢動彈。

慕容寶聽說老爹完蛋了，慌忙退軍，至中山即位。這位草包登上皇帝位。同年（三九六）七月，魏王拓跋珪稱帝，改元皇始。八月，拓跋珪親率四十萬大軍伐燕。是年二月，拓跋珪敗燕國冀州刺史慕容鳳，進至信都。這一來，嚇得幕容寶把家裏的珍寶全部拿出來招募兵士抵禦。看來這草包還不是太吝嗇。

西元三九七年二月下旬，拓跋珪紮營於鉅鹿，晚間，忽然被慕容寶的軍隊偷營成功，大火燒及行宮，這位魏帝來不及穿衣戴帽，光著腳丫子擊鼓招兵。天亮後，魏國將士緩過神來，列隊成行，以騎兵攻擊慕容寶軍隊，燕軍大敗，萬餘人被斬首，又有十二三萬將士逃入山中忽遇大風，凍餓而死。

慕容寶是走一路敗一路，子侄兄弟還窩裏鬥，弱肉強食的地方，人們不同情弱者。這位燕朝皇帝四處流浪，惶惶如喪家之犬，西元三九八年，他被自己的舅舅蘭汗誘殺於龍城。至此，後燕在北中國已不是北魏的對手了。不久，它又分裂爲遼東的北燕和山東的南燕兩個小國，慕容氏至此一蹶不振。

西元三九九年，魏軍又打敗一群部落，收穫不小。魏國的衛王拓跋儀統三萬多騎橫行沙漠千餘里，又破高車逃逬七個部落，俘二萬多人，五萬多匹馬，牛羊二十多萬頭。在以後的八九年中，北魏四處興兵，征伐不已，成爲北方強國。文治武功，殺伐遍地，一將功成萬骨枯，但魏國已開始興旺。

皇帝都想長生，就亂服丹藥。道武帝拓跋珪晚年常服食一種叫「寒食散」的補藥，其中礦物質的提成物對人體很有害，使得這位不到四十歲的皇帝精神嚴重受損。有時整晚整晚地自言自語，白天上朝時，他又喜怒無常，追思朝臣舊惡前怨，大加殺害。這一來，朝野人心騷動，各懷憂懼。

拓跋珪年輕時，要娶小姨爲妻（拓跋珪部起自沙漠，禮儀人倫不同於漢族）。賀蘭太后堅決不允。拓跋珪秘密派人殺掉小姨丈夫，納之爲妃，生下清河王拓跋紹。拓跋紹自小就兇狠無賴，喜歡打劫行人，剝光人家的衣服取樂，又常常殺豬剁狗，荒悖無常。拓跋珪很生氣，曾經把他頭朝下吊在井裏，快死了才放他出來。

一天，性情無常的拓跋珪公然大罵賀蘭妃，把她關在宮裏，要殺掉她。賀蘭妃派人向兒子拓跋紹求救。當時這位小王爺才十六歲，兇猛性格酷似其父，夜裏與宦官宮

人密謀，跳過宮牆，衝入天安殿。周圍侍者驚呼「有賊」，拓跋珪四處摸索半天也找不到弓刀，被衝進來的逆子拓跋紹一刀殺死，時年三十九歲。

東晉重臣劉裕北伐大勝，先後滅掉南燕、後秦，光復洛陽、長安，真正是「氣吞萬里如虎」。由於年歲大，來日無多，老頭子無暇經營中國北方，匆匆返回建康篡位。劉裕建立宋國，爲南朝之始。老頭子當皇帝才兩年多，就因病崩殂，終年六十。太子劉義符繼位，時年十七。

劉裕臨終怕呂后、賈后之類婦人亂政，朝事全權委託大臣。遺詔謝晦、傅亮、徐羨之、檀道濟四位大臣輔政。宋少帝劉義符恰逢愛玩年齡，遊戲無度，好與左右狎昵。這位小皇帝繼位不到三年，既無凶酷殺戮大臣，又沒有宮闈淫亂的惡行，就是愛玩而已。也許是太善良吧，幾位輔政大臣怎麼也不把少帝看在眼裏。

徐羨之、謝晦、傅亮等人暗中策劃廢掉少帝，次立者理應是劉義真，可這位少年王爺又不爲幾位執政大臣看好，就先上書奏列他的罪惡過失，廢爲庶人，遷到新安軟禁起來。接著，幾位大臣又把兩位德高望重的武將——江州刺史王弘和南兗州刺史檀道濟召入朝中，告以廢立之謀。

當時，少帝劉義符在華林園搭了個市場，正親自穿上商販的衣服買賣東西取樂。興盡後，又與左右登大船巡遊天淵池，夜裏睏累之後就宿在龍船上。檀道濟奉諸文臣之命引兵突入，徐羨之等人隨後。少帝未及穿衣，軍士闖入，立殺兩個侍者，少帝手指也受了傷，被扶出東閣，繳收了璽綬，由士兵押送回太子宮軟禁。

眾大臣假傳皇太后令，廢少帝爲營陽王，遷到吳地的金昌亭軟禁，不久派人去殺他。劉義符孔武力大，見來人殺自己就掙脫而逃，一直跑到昌門的大門口，追趕的士兵用門杠猛擊他的腦袋，打暈後被殺。當皇帝要都這樣死法，估計世間沒有幾個人願意當了。隨之，徐羨之又派人殺了小王爺劉義真。

幹掉大掌櫃和二掌櫃後，百官備法駕迎武帝第三子宜都王劉義隆於江陵。宜都王劉義隆時年十七，正坐鎮江陵。江陵諸將聽說少帝和廬陵王劉義真雙雙被殺，都疑慮重重，勸阻他不要去建康繼位，以防又被當朝大臣殺害。宜都王屬下司馬王華力排重議，劉義隆果決定斷，毅然東行，即皇帝位，是爲宋文帝。

宋文帝是個忍辱負重的好孩子，臨難不變，剛毅果決，確實有少年英主之姿。宋文帝繼位之後，先以高官厚祿穩住幾位大臣，任徐羨之爲司徒，王弘爲司空，傅亮加開府儀同三司，謝晦加封衛將軍，檀道濟進號征北將軍。元嘉三年，見時機成熟，宋文帝下詔暴露徐、傅、謝數人罪惡，命令有關部門捉拿法辦。

宋文帝劉義隆承繼其父劉裕一貫的治國之策，在東晉義熙土地的基礎上清理戶籍，下令免除百姓欠政府的「通租宿債」，又實行勸學、興農、招賢等一系列措施，廣大百姓得以休養生息，社會生產得到了極大的發展，元嘉之世（四二四至四五三）是南北朝時期南方國力最爲強盛、人民最爲安居樂業的歷史時期。

宋文帝統治二十餘年，國泰民安、家大業大，國家日久無事，也正應了那句「無事生非」之語，恰巧又有彭城太守王玄謨迎合宋文帝經略中原之意，不時慷慨進言，勾起劉義隆一腔熱血。吃飽喝足，這位皇帝非常追慕漢朝霍去病伐匈奴，並在狼居胥封山告天以臨瀚海的雄圖偉業。

南朝自東晉謝玄以北府兵擊破苻堅，一時間威振淮北。劉裕平廣固，入長安，盡有河南之地，破姚興，敗拓跋嗣，也是倚仗北府兵。接下來，劉裕南返改朝換代，聽任王鎮惡、沈田子等人內鬨關中。文帝即位後，深懼權臣、大將凋零，原先北府兵老的老，少的少，青黃不接，已經沒有從前那樣的戰鬥力了。

人非聖賢，宋文帝也免不了犯錯。攻略黃河以南之地後，宋軍想守住這些地方，只是異想天開。因爲河南攻易守難。千里黃河戰線過長，每處即可輕鬆被擊破。黃河冬天結冰後就成平地，北方敵人無船即可衝殺過來。真正想攻敗北朝，是要有一鼓作氣進攻河北的雄心和遠大的雄才偉略的。

元嘉八年（四三一），第一次北伐，北魏謀臣崔浩根據宋兵的分佈情況，判定宋軍不過是固河自守，沒有北渡的想法。宋國只有青州刺史劉興祖有遠見，他說，應該進兵河北，堵塞太行山各個隘口，將北魏遏於山西之內，河北平定，河南自然歸宋所有。可惜的是，劉義隆比起父親劉裕要差得多，沒有採納這一良策。

四五〇年，宋文帝北伐失敗，北魏大舉反擊。秋高馬肥之際，北魏鐵騎很快奪取了河南。十二月，魏王親自到達建康對面的瓜步山上，軍鼓之聲震天蓋地，宋軍各線潰退，建康城內居民都「荷擔而立」，值錢的東西都放在了挑筐裏，隨時準備逃亡。自是邑里蕭條，元嘉之政基本走到了盡頭。

劉劭，字休遠，文帝長子，皇后所生。劉劭長大後，是個不折不扣的帥哥。劉劭的姐姐東陽公主有個名叫王鸚鵡的侍婢，她認識一個名叫嚴道育的女巫，公主見後很喜歡這個巫婆。始興王劉濬雖與太子異母，也與劉劭相交甚密，幾個人在一起晝夜求神，又雕刻代表文帝的玉像埋在含章殿前，詛咒文帝快死，劉劭好快點繼位。

東陽公主有個奴僕名叫陳天興，與王鸚鵡淫通。東陽公主不久病死，侍婢應該出嫁。王鸚鵡憂慮與陳天興私通的事情洩露，寫信讓劉劭殺掉陳天興。陳天興被殺後，與他一起埋文帝玉像施行詛咒的小黃門太監慶國嚇壞了，覺得自己肯定也要被滅口，就向宋文帝告發了這些事情。

文帝與尚書僕射徐湛之密謀準備廢太子、賜死劉濬。如此大事，文帝竟然又對潘淑妃當作夫妻的悄悄話來講。潘淑妃假裝上廁所，馬上秘密派人通知劉濬。劉濬大驚，立刻派人馳報劉劭。劉劭沒敢耽誤，連夜起兵。太子心腹張超之拔刀直上合殿。文帝被弒於室內，時年四十七。

劉劭接下權杖，改元太初。爲不留後患，他立刻下令殺長沙王劉瑾等宗室多人。文帝第三子武陵王劉駿起兵，大臣沈慶之、柳元景、臧質以及南譙王劉義宣等紛紛擁護，集眾討伐劉劭，一路上州府紛紛降附。劉劭閉建康六門守戰，城內將士紛紛躍城出降。皇叔劉義恭也乘亂跑出，劉劭憤恨，殺劉義恭的十二個兒子。

輔國將軍朱修之起兵剿逆，諸軍攻破台城。親自殺掉文帝的張超之跑到合殿御床從前他弒文帝的地方想躲，被眾軍士找到擊殺。諸將刳腸割心，碎割他身上的肉，生食以解恨。劉劭逃到武庫井中，被一副隊長高禽捕獲。當著他的面，眾人先把他四個年幼的兒子砍頭。最後是劉劭。善惡終有報啊！

繼宋室帝位的孝武帝劉駿也不是什麼好東西。劉劭即位時，本來派沈慶之去殺劉駿，劉駿當時只是一個無兵無權的光杆王爺，嚇得哭泣哀求，請求和母親訣別後再挨刀。沈慶之、顏峻等人不僅沒有殺他，反而和他的叔父劉義宣、劉義恭、大臣臧質等人擁立他起兵，正是這些臣子的擁戴，劉駿才得以登上帝位。

孝武帝劉駿這位皇帝淫蕩到了極點，連親娘都不放過，是二十四史中唯一蒸母的敗類。劉駿還「遍淫義宣諸女」，惹得身爲南譙王的叔父與大臣臧質等人造反，最後皆兵敗被殺。他非常殘忍無情，因爲小怨就把最親近的手下顏峻下獄，折磨致死，竟又把顏峻的幾個兒子沉入江中淹死，以絕其後。

劉駿末年，更是嗜酒放縱，政綱紊亂，三十五歲時崩於宮內。但此人能文工詩，自謂人莫能及。劉勰認爲「孝武多才，英采雲構」。可惜，流氓不可怕，就怕流氓有文化，這樣一個流氓，因爲有文化，果然事情做得非常的另類，讓人「肅然起敬」。還有比這更雷人的嗎？

孝武帝太子劉子業繼位，兇殘暴戾，殺害臣下，荒唐驕淫，給姐姐山陰公主分配「面首」三十多人，是史上著名的荒唐少主，史稱劉宋前廢帝，沒有多久即被臣下所殺，時年十七。劉駿的十一弟湘東王劉彧繼位，是爲宋明帝。

這位明帝對臣下寬和，但是對自己人卻很暴力，他很害怕劉姓皇族與其子爭位。劉駿有二十八個兒子，明帝殺了其中的十六個，餘下的十二個，全被明帝的兒子劉宋王朝的後廢帝劉昱所殺，同根同氣，相互殺戮不迭。究其本由，大概元兇劉劭的戾狠之氣，成爲這個家庭的精神遺傳吧。

北魏時候，生兒子最好別讓他當皇帝，因爲「子貴母死」，只要立嗣子就先殺其生母。北魏開國皇帝道武帝拓跋珪準備立當時齊王的兒子拓跋嗣爲太子，就先賜死

拓跋嗣的生母劉貴人。拓跋嗣是個孝順孩子，聽說消息後哭得不得了。嗑藥上癮、被「寒食散」折磨得本來就煩躁不安的道武帝大怒，把兒子趕了出去。

沒過多久，清河王拓跋紹進宮把他的皇帝爹殺了，道武帝死於逆子之手。第二天中午，拓跋紹召集百官於端門，隔著大門，從門縫問百官：「我有叔父，也有哥哥，公卿眾人想擁立誰呢？」大家聞言都愕然失色，沒有答腔的。場面很是詭異，過了好久，南平公長孫嵩回答：「我們擁戴王爺您。」

齊王拓跋嗣聽說道武帝被弒，偷偷向都城趕。拓跋紹派人尋找拓跋嗣想殺掉他，幾次都沒有成功。百姓和眾大臣得知拓跋嗣回城，奔相走告，爭著出去迎接。拓跋嗣在城西一露面，宮裏的衛士就把一直混在皇宮的小壞蛋拓跋紹抓住送給拓跋嗣論處。拓跋嗣殺掉拓跋紹及其生母賀蘭妃，同年登基爲帝，時年十八歲。

明元帝拓跋嗣當了十五年皇帝，是那個混亂朝代少有的好皇帝：愛民、有才、把國家當成大家的，可以稱得上是北魏開國以來較爲仁厚的守成之主。只是他也同其父拓跋矽一樣，愛「嗑藥」——嗜服寒石散。帝王爲了長壽和壯陽，總是服用今天看來實際上是毒藥的東西，由於猛藥吃得過多，拓跋嗣一直病魔纏身。

崔浩恐怕皇帝接不上趟，就勸明元帝早立皇長子拓跋燾爲太子，以定國本。泰常七年（四二二），拓跋燾以太子身分監國，時年僅十二歲。經過暗中觀察，拓跋嗣發現拓跋燾聰明決斷，見識深遠，幾個輔弼大臣又忠厚賢良，確實能支撐起魏國的大業，爲此他心中十分高興，也覺得很放心。

西元四二二年秋，南朝宋武帝劉裕因病不幸與世長辭，明元帝拓跋嗣準備攻伐宋國。大臣崔浩不贊同，可是拓跋嗣堅持伐宋。可惜拓跋嗣身體本來就不好，一路顛簸，病情更轉沉重。西元四二三年年底，三十二歲正當年的拓跋嗣病死。其子拓跋燾繼位，是爲北魏太武帝。明元帝爲帝十五年，是北魏初期一個重要的過渡性的帝王。

拓跋燾出生時，「體貌瑰異」，當時的道武帝拓跋珪見到這個大胖孫子，「奇而悅之」，嘆道：我的心願，就靠這小子來實現了。北方的敵國柔然聽說魏國明元帝死了，也卑鄙無恥來個趁火打劫，攻陷代國舊都盛樂。年方十四歲的拓跋燾聞訊大怒：想欺負我，也不撒泡尿照照。自率輕騎，馬不停蹄，直抵雲中。

太武帝始光二年（四二五）十一月，拓跋燾又親自率軍，分五道征伐柔然，越過大漠一直打到柔然老窩，使紇升蓋部落大敗而逃，好長時間不敢再找事。

西元四二五年九月，夏國國主赫連勃勃暴死。赫連勃勃死翹翹後，赫連昌當了一把手。少數民族不像漢族那樣客氣，聽說赫連勃勃死了，那可不是機會來了。拓跋燾就去趁火打劫。打了幾次，赫連昌退保平涼（今甘肅平涼），大勢已去，不久即被魏軍逮住了。拓跋燾見他體貌不凡，惺惺相惜，竟把妹妹始平公主嫁給他，封其爲會稽公，常帶他一起涉山越谷打獵遊玩。

赫連昌死，赫赫勃勃第五子赫連定自立爲帝，不斷襲擾魏軍，這位天生殺才又打得乞伏慕末大敗出降，旋即被殺。拓跋燾聞訊，又親率大軍去攻伐，赫連定向河西方向逃竄，在黃河邊卻被鮮卑另一個旁支吐谷渾偷襲，大軍敗亡，赫連定自己也被活捉，送至拓跋燾處。赫連定不像赫連昌那樣帥，當即被拓跋燾斬殺。

誰說樂不思蜀？已獲封爲北魏秦王的赫連昌想趁機外逃，被魏國守將殺死，並誅其眾弟。至此，赫連一族灰飛煙滅。這個號稱要一統天下萬城、皇族赫赫上與天連的國家，可從赫連勃勃自己算起，一直到赫連定，滿打滿算才二十五個年頭的命祚。不過，赫連家族的最大作用就是成就了拓跋燾一番偉業。

這邊剛逮住赫連昌，那邊拓跋燾又想北擊柔然。西元四二九年夏天，拓跋燾率魏軍大舉北伐。一路勝仗連連，柔然主一路狂逃。但是，北魏諸大將怕深入遇伏，都紛紛勸拓跋燾止兵不要再追。道士寇謙之想起崔浩的原話，勸皇帝窮追。拓跋燾見好就收，不聽，滿載戰利品，陸續退兵了。

柔然人是徹底被打怕了，敕連可汗在北魏國的不斷軍事打擊下去世，兒子郁久閭吐賀真繼位，號稱處羅可汗，意爲天下無雙的皇帝。果然是天下無雙：處羅可汗只和魏軍前鋒兵團打了一仗，便逃了九日九夜，再不肯做正面接觸。魏軍馬隊兩次深入漠北數千里都找不到這位獨一無二的大汗。

後來，拓跋燾又在西元四四三年和四四九年兩次親征柔然，打得柔然節節遠遁，基本不敢再主動侵擾魏境。同時，拓跋燾又繼續鞏固道武帝時代設置的北部鎮戍，修築長城，綿延三千多里，設置六鎮，遷柔然、高車降附人民於其中，形成了一整套嚴備的邊戍制度，派出吏員，積極戍守。

拓跋燾還有戰功是滅了北燕。這個北燕可不同於十六國中的幾個「燕」國，它不是慕容氏的支族當國主。當時的國主姓馮，不是鮮卑族，而是漢人。說起北燕，還有一段有趣的歷史要交代。說北燕，必定得先講一下後燕的倒楣皇帝慕容寶。

後燕老皇帝慕容垂死後，他不爭氣的兒子慕容寶就一直被北魏當時的道武帝拓跋珪追著打，狂逃至鮮卑老巢龍城。後燕宗室自相殘殺，慕容寶的舅父蘭汗心懷野心，假裝救援，迎慕容寶入龍城。慕容寶入城後即被蘭汗謀殺。這位蘭汗心夠毒，又殺掉慕容寶的太子慕容策及宗室、王公大臣一百多人，自己做起了皇帝。

慕容寶有個庶長子慕容盛，聞聽父親被害，竟然敢隻身返回龍城爲父弔喪。蘭汗的女兒是慕容盛之妻，老丈人乍見這個女婿也嚇一跳，蘭汗的諸弟皆勸說要殺掉慕容盛。只是枕邊風硬，愛女心切，加之剛剛殺掉人家的皇帝老子，蘭汗就沒好意思再殺掉自己的親女婿，當作親信加以使用。

慕容家族是有名的狼性基因，隱忍剛毅。慕容盛爲了活命，假裝謙恭，暗中一直準備復仇。他先是聯繫蘭汗的一名外孫、自己的堂侄慕容奇作內應，又拉攏宮中衛士，暗中積聚力量。同時，他不斷挑撥蘭汗與兩個兄弟蘭堤、蘭難的關係，使幾個人反目成仇。這就爲後續造反先打下基礎。

蘭汗兄弟自相殘殺，慕容盛自然一馬當先，把蘭堤、蘭難打得逃出龍城。蘭汗大喜，慶功宴上飲酒大醉。慕容盛立刻下手，斬殺了蘭汗父子。接著，他又派兵四出追捕，擊斬外逃的蘭汗二弟，終於爲父報仇成功。慕容奇聽說蘭汗已死，又想自立，在外拒兵，最終也被慕容盛殺掉，畢竟這小子身上流著蘭汗的鮮血。

慕容盛稱帝後，新官上任三把火，竟也氣象一新，把常常來找碴的高麗和庫莫奚打得垂頭喪氣。但是，這位新老大對人要求太嚴，嚴刑峻法，惹得已故丁太后的侄子段璣等人密結宗親，率禁衛兵趁夜謀反。政變雖失敗，慕容盛卻傷重身死，年僅二十九歲，在位三年。死前，他召叔父慕容熙入朝，托以後事。

慕容熙是慕容垂最小的兒子，輩分雖高，卻比剛剛死去的侄子皇帝慕容盛還小十二歲，時年十七。當朝的丁太后（慕容全之妻）一直與小夥子慕容熙通姦，便下令廢掉慕容盛的太子慕容定，立慕容熙爲帝。慕容熙一即位，馬上殺掉慕容盛的弟弟慕容元，清除了當時不願意立自己爲帝的朝中大臣。

第二年，慕容熙娶苻氏二女爲妃，夜夜流連。如狼似虎年紀的丁太后酸得牙都要倒，又與娘家侄子丁信密謀，想廢慕容熙另立他人。慕容熙得知消息，殺掉丁信等人，逼老情人丁太后自殺。苻氏二妃是前秦宗室之女，美貌絕倫。大姐名娀娀，小妹名訓英。慕容熙對二美女寵愛萬分，有求必應。

苻氏二女福薄。大姐娀娀病死不久，小妹訓英又患病而死。慕容熙痛得不行，竟哭死過去，太醫搶救了半天才把這位皇上救回來。

慕容熙還是個情種，爲愛妃建造方圓數里的墳陵。爲使巨大的靈車出城，他又下令拆毀城門。待他哭天搶地護送靈車出城，禁衛軍統領馮跋等人便關閉大門，擁立慕容寶的義子慕容雲爲主。慕容熙帶兵反攻龍城，沒成功，被抓住押回城內，被慕容雲殺掉，才二十三歲！後燕至此完全完蛋。

慕容雲當上了一把手，也稱燕國，但歷史上稱爲北燕，已經不是後燕了。慕容雲原姓高，是高麗人。慕容寶當太子時喜他武藝高強，收爲義子。他當皇帝後，複姓高氏，自稱大燕天王。高雲自以爲高麗庶種，雖被擁爲帝，內心極其自卑。他天天人開府庫，賞賜眾位文臣武將，收買人心，想拿金銀財寶買「支持」。

馮跋兄弟擁立高雲，高雲卻對馮氏兄弟疑懼提防，便養了一幫壯士在身邊，吃飯、穿衣皆與自己同等對待，天天賜以金寶「以慰其心」。天知道這幫貼身侍衛的頭目離班、桃仁兩個莽夫是怎麼想的，好吃好喝皇帝哥們兒一般的待遇，仍不滿足，兩個人竟把高雲刺死於御座上。高雲在位三年，死年大概三十六歲。

馮跋被趕鴨子上架，坐上了寶座，卻不改國號，因此，從他開始，這北燕便姓馮了。馮跋是漢族人，籍貫信都（今河北棗強）。馮跋在位二十二年，是十六國中很少見的仁德君主。他把老百姓當成自家人，收的稅少，還很有禮貌，還教老百姓種經濟作物、種地，又不常打仗，使北燕境內人民過上了少有的幸福生活。

西元四三〇年秋，馮跋病危，以太子馮翼監攝國事。馮跋寵妃宋氏有兒名叫馮受居，宋氏很想立己子爲王，便矯詔禁止太子入內侍病。太監胡福與馮跋之弟馮弘要好，忙把宋氏要謀篡的消息向馮弘彙報。馮弘立刻率兵衝入皇宮，幽囚宋氏母子。眼見亂兵突入寢宮，彌留之際的馮跋驚嚇而死。

馮弘自立爲天王，廢殺太子馮翼。最最過分的，馮弘又把大哥馮跋多年來與嬪妃所生的兒子一百多人悉數殺死。古來兄弟相篡殺戮之事不少，但一氣殺掉一百多個侄子，且大多是懷抱小兒或十幾歲的少年，這樣兇殘的叔父，中國歷史上就這麼一個。

殺掉眾侄，馮弘見宋氏貌美，便又把嫂子給辦了，姦夫淫婦，正好配對。馮弘即位後，眾叛親離，其長子馮崇等數個兒子都懼禍，奔亡北魏。太武帝拓跋燾正是在這樣的情況下，不停地發兵，想一舉擊滅這個臥榻旁的「外人」。北燕連戰連敗，十多個大郡都被人家北魏攻陷吞併。

無奈之餘，馮弘捨近求遠，向南朝宋文帝求援，甘當後輩。宋文帝當然高興，封馮弘爲「黃龍國主」，並答應出兵助北燕。說歸說，大老遠的地方，宋軍一時還真去不了。自延和二年（四三三）起，馮弘做皇帝後沒過幾天好日子。最後，北魏四萬大軍兵臨城下，馮弘只得送子爲質，獻上很多美女，北魏這才撤兵。

想來想去，馮弘總覺得稱臣當孫子的日子不好過，竟然突發奇想，又密派人向自己的附庸高麗求援，得到高麗王允諾後，他於四三六年六月率宗族、後宮以及龍城百姓，連夜向高麗國境內逃竄。臨行，這位北燕主還下令焚城，把宮殿燒個乾淨。至此，在北魏連連進逼下，北燕滅亡，共三主（算高雲），二十九年。

馮弘被高麗王安置在北豐（今遼寧興賓縣）。寄人籬下，裝裝孫子當一小城城主就算了，但他「素侮高麗，政刑賞罰，猶如其國」，儼然是高麗的王上王。高麗工大怒，盡驅馮弘侍衛，並把他的太子抓走當人質。一來二去，馮弘才感受到了「殘酷的現實」，就派人偷往建康，求宋文帝派人把自己接往建康。

當時，高麗也向宋國稱臣，聽說宋文帝派數千軍隊來迎馮弘，很沒面子，就派兵一舉包圍了馮弘營地，把馮三爺全家老小以及近侍統統殺掉，之後隨便挖個大坑埋掉，其時爲宋文帝元嘉十四年（四三七）四月。馮氏北燕至此徹底玩完。這實是馮弘自找，天怨神怒，不得不亡。無論如何，也是亡於北魏之手。

拓跋燾下一個戰功便是把北涼從地圖上清除，統一北方。北涼這個「國家」，其實是十六國中轄區最小的，只有巴掌大一點的「國土」。北涼國主沮渠蒙遜本是後涼呂光的手下大將。後來背叛呂光，擁後涼大臣段業爲「涼王」，史稱北涼。沮渠蒙遜爲人陰狠毒辣，不惜犧牲兄長沮渠男成的性命，誘使段業殺掉男成，然後借「報仇」名義又殺掉段業，自己當了北涼CEO。

這位沮渠蒙遜也不是甘於寂寞之人。他一直左躥右跳，但又欺軟怕硬，兩面三刀，像個牆頭草一樣，見風使舵，西元四二〇年，窮兵黷武的蒙遜竟也攻入酒泉，滅掉了西涼李氏，盡有涼州之地。最強盛的時候，西域諸小國均向沮渠蒙遜稱臣納貢。

北涼國主沮渠蒙遜派太子沮渠政德攻打柔然，結果大敗而歸，政德也玩完。不久，北魏越來越強，蒙遜就又向北魏稱臣。拓跋燾待他不薄，封他爲涼王，並可以「建天子旌旗」。老壞蛋東征西殺了三十多年，又當上了大魏的涼王，終於病死，他的兒子沮渠牧犍繼承了他的王位。

沮渠牧犍向南朝宋國和北朝魏國均遣使報喪，同時，又把親妹妹興平公主送給拓跋燾當小N。沮渠牧犍自小左右都是知識分子，會裝孫子，同時孝敬南北兩朝。繼位之初，也謙恭下士，留心朝政。但這小夥子是匈奴人體格，荷爾蒙分泌旺盛，好色喜淫，恰恰是這麼一個君王「小節」，導致了北涼最終的滅亡。

北魏太武帝爲鞏固邦交，出於好心，把妹妹武威公主嫁給沮渠牧犍。懼於強勢，牧犍只得把髮妻、從前西涼國主李暠之女安置於酒泉，以拓跋氏爲正妻。估計拓跋燾的妹妹長相一般，牧犍娶回來，只當「菩薩」一樣禮敬著，天天與他貌美如花的寡嫂李氏私通，大亂人倫。

李氏這女人色膽也不小，爲了長期和沮渠牧犍過日子，竟派人往武威公主的吃食中下毒，北魏皇帝派御用「專車」載御醫疾馳而至，才撿回妹妹一命，但已經落下了不小的殘疾。大怒之下，拓跋燾要沮渠牧犍交出李氏，牧犍捨不得，送李氏於酒泉匿藏。拓跋燾由此頓起滅北涼之心。

太延五年（四三九，宋文帝元嘉十六年）六月，拓跋燾親率大兵去收拾沮渠牧犍，沮渠牧犍大敗。窮途末路，只得開城出降。北涼滅亡。

回平城後，拓跋燾想起害怕打仗的李順先前說涼州荒涼沒有水草的謊言，又因李順定別官品不公，老賬舊賬一起算，把李順賜死、抄家。過了幾年，有人告發軟禁中的牧犍與北涼舊臣謀反，拓跋燾便下詔賜死了這位妹夫。至此，中國北方十六國時代休止符結束，北方一統於北魏。中國南北朝對峙時期正式開始。

四五〇年，南朝宋國皇帝劉義隆自以爲元嘉盛世近三十年，已經是強人了，就開始北伐，揭開魏宋第三次南北大戰的序幕。

劉義隆靠小聰明仍然發了財。借關中戰亂，宋人引誘魏國南境的百姓到南方定居，給足優惠政策，免費發放綠卡，免除七年的捐稅。河南百姓、關中難民拖兒帶女往江南跑。爲此事，拓跋燾親自給劉義隆寫信交涉，譏笑他坐視關中戰爭而不敢救援，趁火打劫引誘北方百姓叛逃的「卑鄙」行徑。

劉義隆還算是人道一點，採取貨物引誘。不過，劉宋朝廷對待南蠻就不那麼客氣了，能要來就要，不給就搶，搶完還要殺人。南蠻是中原人對南方土著人的蔑稱，後來演變成北方少數民族對南方土著人的稱呼，以前他們大殺北方人，現在算自食其果吧！

「封狼居胥」是指西漢驃騎將軍霍去病深入漠北，大敗匈奴軍，追擊到狼居胥山（今蒙古境內）祭天地封禪之事。劉義隆把自己比作漢武帝，徐湛之、江湛等大臣懂得皇帝心意，大唱讚歌，力主北伐。一個國家進行戰爭，大多是武將傾向出兵，文官們持慎重態度。劉宋朝廷相反。

劉康祖從軍事角度分析，認爲如今是六月份，等到備戰出兵，到達河南已是秋季，河道不暢，不利於水陸協調作戰。劉義隆用三寸不爛之舌同反對出兵的將領們展開了辯論，舌戰群將。他認爲北魏國鮮卑和漢人矛盾激烈，各地義軍風起雲湧，政治上極爲有利，所以，還是趁熱打鐵，現在開打。

沈慶之再三反對，劉義隆聽得厭煩了，大袖一揮：「去和徐湛之、江湛討論去！」沈慶之瞟了一眼兩位弱不禁風的書生，強按心頭不滿：「治國譬如治家，耕田種地當問農夫，紡織女紅去問婢女。陛下您現在要發動戰爭，和一幫子白面書生輩謀劃大略，哪能成功！」劉義隆聽罷，哈哈大笑。北伐主張不容更改。

拓跋燾聽說老朋友又要北伐，便寫信揶揄：「兩國彼此和好日久，可你卻貪得無厭，誘我邊民。現在聽說打算親自來，好哇，如果你厭倦所居國土，不妨到平城來住，我可以去揚州。你年已五十，未嘗出戶。我沒有多餘的東西可以送你，可乘我送的馬，水土不服，可以吃我送的藥，千萬別走到半路病倒了。」

劉義隆霸氣側漏，看完拓跋燾的信，一笑置之，真正的較量不是耍嘴皮子，要動真功夫。他爲這次北伐準備了二十年，元嘉盛世的大宋國上下安和，兵精糧足，決非第一次北伐可比。劉義隆精心做了後勤保障，發起全民總動員，招募全國有武功的勇士，徵發江北六州青壯年入伍。他可是抱了必勝的信心的。

爲了保證此次戰爭軍費充足，劉義隆下詔，所有官員工資一律減掉三分之一。富裕階層必須捐款，財產超過一定數額的限地區借款。上起王公、王妃、公主及朝廷官員、牧守，下至富民，各獻金帛、雜物以助國用，戰事結束即可歸還。不知道這算不算早期的國債？

這回北伐，劉義隆分東西兩線，東線蕭斌統率主力兵團乘舟艦入黃河東下；臧質、王方回的步兵向許昌、洛陽進發；武陵王劉駿出徐州；南平王劉鑠出壽陽。西線，隨王劉誕督率柳元景、薛安都、龐法起諸將出襄陽，率軍進攻弘農；梁州刺史劉季之出漢中策應。皇帝劉義隆是志在必得！

劉義隆的五弟、江夏王劉義恭坐鎮彭城，擔任東線北伐軍總指揮。劉義恭自小聰明，更是劉裕最鍾愛的孩子，吃喝拉撒，常常要他在自己身邊。劉裕爲人儉樸，皇子們吃東西從不超過五盤，唯獨小劉義恭愛吃多少吃多少，以至於賜的東西吃不完分給旁人吃。

東晉王朝的歷次北伐，北伐軍統帥大多由高門士族擔綱，桓溫、謝安、謝玄俱成爲一時風雲人物，劉裕更是憑藉北伐聲威代晉稱帝。可是往往「尾大不掉」。劉義隆吸取教訓，爲杜絕功高震主的現象，戰功必須交給皇族，劉義恭便擔當了這一角色，幕後真正的三軍總司令其實是皇帝本人。

劉義隆兩次北伐軍事方針，完全複製劉裕北伐後秦之戰。可惜他僅僅學得劉裕的形，沒有學到劉裕的神。分路出擊，虛中有實，兩人一致。但是，劉裕有最終戰略目的，即必須攻入關中與敵人決戰。作戰有一條基本原則，拿破崙曾經指出：消滅敵人有生力量，不要佔領地盤。劉義隆心裏想的只是土地，而不是敵人。

劉義隆自視很高，別出心裁創造出中詔，親自調動指揮軍隊，所有軍隊必須聽從他一人指令。當然這有利於統一指揮，協調作戰。但在當時條件下，劉義隆坐鎮南京指揮，來回數千里，快馬也要好幾天，戰場形勢瞬息萬變，只能貽誤戰機。看來，劉義隆比較適合現代化作戰，現在有電報電話、電子衛星指揮系統。

北魏的軍事力量集中於河北和都城平城一帶，中原物資屯集在黃河兩岸重要的戍口，碻磝（黃河古津渡口，故址在今山東茌平）和滑台。攻取碻磝和滑台，切斷黃河南北聯繫便成為第一仗的關鍵。劉義隆制定的作戰方針，是一招關門打狗的戰術。這個想法很好，只是局限於通訊不發達，恐怕很難奏效。

蕭斌軍團逼近碻磝，魏軍守將嚇得屁滾尿流，棄城而走。蕭斌與沈慶之留守，前鋒王玄謨繼續率軍西進，兵圍滑台。劉鑠軍前鋒劉康祖攻克長社（今河南長葛），進逼虎牢關，宋軍又一次攻佔河南大部。襄陽軍團柳元景、薛安都等將領越過熊耳山，進入關中。初戰告捷，劉義隆很是興奮。

拓跋燾作戰總有一種大氣魄，大開大闔，不較一城一地之得失，可以千里出擊，亦可千里退守。他還高看了劉義隆一眼，甚至做出退至陰山草原的思想準備。非開國之君、少年繼位的拓跋燾不留戀溫室暖鄉、鐘鳴鼎食，但一直保持著鮮卑人固有的純樸和勇敢，亦屬難能可貴。南朝劉義隆最缺乏的就是這種大氣魄。

南方人頭腦靈活，善於做生意，受其影響，在江南待久了的王玄謨很快覓到商機。當時河南地區的土特產大梨十分名貴，王玄謨用軍中的布匹換百姓家中的大梨，一匹布換八百大梨，人家不願意便強徵。這樣強買強賣的結果，造成了北方漢人對宋軍大爲失望，以至於滑台兩個月未能攻取。

王玄謨的表現引起各路將領的不滿，中央軍步兵主將臧質上表劉義隆，請求乘驛代將，什麼意思呢？我率領的步兵不是走得慢嘛，拋下軍隊，換乘驛站的快馬，趕到滑台去代替王玄謨攻城。臨陣換將，兵家大忌，劉義隆不准。可是他不知道，真若換成臧質，宋軍也不至於這麼快潰敗。

寒冷的西北風傳來了刺耳的胡笳聲，成群的胡馬像一團團翻騰的烏雲從北方的天空呼嘯而來。王玄謨久攻滑台不下，等來北魏軍隊戰略大反擊。太武帝拓跋燾集中帝國數十萬騎兵，令太子拓跋晃屯兵漠南防禦柔然入侵，留吳王拓跋餘守平城。數十萬鐵騎以排山倒海之勢撲向黃河重鎮滑台。

沈慶之所料一點兒不差，拓跋燾根本不去管碻磝和曆城。針對宋軍分路進擊的態勢，棄關中不顧，將主力集中到東線，五路並進。永昌王拓跋仁自洛陽向壽陽挺進，長孫真攻擊馬頭（今淮陰一帶），楚王拓跋建直取鐘離（今鳳陽縣臨淮關），高涼王拓跋那進攻下邳（今徐州），拓跋燾親率一支兵馬自東平殺向鄒山（今山東鄒縣東南）。

宋軍戰線過長，兵力不足的矛盾暴露出來，本來步兵和騎兵打仗不佔優勢，又失掉水軍的策應，東線宋軍紛紛潰敗。坐鎮彭城擔任總指揮的江夏王劉義恭和徐州刺史武陵王劉駿各自派出兩支軍隊北上增援。雖一勝一負打成平手，然而宋軍野戰軍敗局已定，各支部隊被魏軍壓制在彭城和壽陽一線。

劉義隆沒辦法，只好先退還襄陽。為加強壽陽地區防務，劉義隆命令進攻虎牢關的劉康祖所部班師。劉康祖是將門虎子，父親劉虔之隨劉裕建義京口，戰死荊州。劉康祖經常觸犯法律，遭到官府追捕，常常飛簷走壁，越屋逾牆，捕吏無可奈何。別看劉康祖犯法，但人家是忠臣烈士的後代，劉義隆親自下詔免罪。

魏軍也不好惹，開始大反擊，劉義隆退兵，劉康祖率領八千人南歸，已到尉武戍，距壽陽數十里。北魏永昌王拓跋仁率八萬魏騎一路追擊而來。宋軍結車為陣，掉頭迎擊北魏騎兵，元嘉北伐最殘酷、最驚心動魄的一場野戰打響了。魏軍採用火攻，劉康祖救火之時被流矢射穿脖頸，墜馬而死，主將陣亡。

拓跋燾率主力大軍一直打到彭城。彭城兵多糧少，江夏王劉義恭準備棄城南逃。從前線回到彭城的沈慶之建議劉義恭北上曆城，因為那裏糧多兵少。沈慶之獻計，用箱子和戰車組成車陣，二王和王妃、郡主居中，以精兵為外翼護衛北上。沈慶之懂得，只要北方根據地駐有大軍，魏軍無論如何不敢長久待在江淮。

劉義恭跑的心是早定了，就是不知道該聽誰的。長史張暢反對逃跑，正氣凜然道：「大軍一動，百姓逃散，我們什麼地方也去不成。城中糧少，尚可堅持，豈可捨萬安之計而就危亡之道。如果劉公真的打算走，下官請以頸血污公馬蹄。」武陵王劉駿向來血性，信誓旦旦地對劉義恭說：「必與此城共存亡！」

劉駿是劉義隆老三，自小聰明，讀書七行俱下，不僅才藻出眾，文章寫得華麗，且騎射過人。由於常年征戰在外，練就一身好武藝、一副好身板，文武全才，有膽有識，就是太好色。劉駿後來繼承皇位，與母亂倫，強娶表妹，荒淫放縱，實在不算個好皇帝，但死守彭城之策決定了整個戰局走向。

北魏鐵騎風捲殘雲般殺到彭城，拓跋燾立氈屋於南山戲馬台，登上亞父塚（范增之墓）遠遠地觀察城內。楚風漢韻古彭城，龍爭虎鬥幾千秋。拓跋燾深知攻城決非魏軍強項，為探明守軍虛實，他玩起心理戰。雙方唇槍舌劍，你來我往，縱橫捭闔，古彭城見證了南北朝一場精彩的外交爭鋒。

四五一年春，魏軍回軍途中攻到盱眙城，宋國大臣臧質守城。拓跋燾在城外大大咧咧地向臧質喊話，要嘗嘗南國美酒。臧質從城上吊下來兩大罈屎尿送給魏軍。拓跋燾大怒，一晚在城外築起長圍把城團團圍住，斷絕水陸交通，運土石填平護城河。然後派鈎車、沖車攻城，這城牆也像鳳姐的臉皮一樣厚，怎麼都不能破城。

春天正是流行病頻發時節，魏軍水土不服，病倒許多。又怕宋朝水軍自淮入海與彭城的軍隊匯合夾擊，拓跋燾便燒掉攻具退走。回師路上，魏軍殺傷當地人民不可勝計，中青壯年馬上殺掉，嬰兒貫穿在槊上揮舞盤旋以爲樂，所過郡縣，赤地無遺。而魏軍自己在南伐中也人馬死傷過半，國人怨恨。

「虜馬飲江水，佛狸死卯年。」鮮卑鐵騎飲馬大江，北方胡人在歷史上第一次到達長江，南方人用最惡毒的童謠詛咒著「上帝之鞭」。面對波濤洶湧的萬里大江，拓跋燾選擇了退卻。一座小小的盱眙城，兩千八百壯士擋住了數十萬北魏大軍持續一個月的圍攻，拓跋燾遭遇了人生最慘重的失敗。

魏太武帝拓跋燾攻宋時，太子拓跋晃監國，這小夥子爲人精察幹練，並信任屬下仇尼道盛和任平城。拓跋燾有個寵信太監名叫宗愛，本性險暴，他「惡人先告狀」，捏造太子官屬的罪名，太武帝大怒，處斬道盛等人，太子屬下多名官員連坐處死，太子拓跋晃也被殘暴的父皇活活嚇死，時年二十四。

過了不久，拓跋燾又追念起這位嫡子的好處，常常落淚思憶。天天伺候在他身邊的中常侍宗愛心中疑恨，害怕哪天這位性情暴躁的皇帝追究起前事，把太子死因推在自己身上。於是這位大太監先下手爲強，夜裏帶人潛入永安宮弄死了這位威名卓著、不可一世的拓跋燾，時年四十五歲。天可憐見！

光陰似箭，日月如梭。二十年後，拓跋晃的嫡長曾孫拓跋宏繼位，全面漢化，中國歷史上第一次最大程度地加速了中華民族的大融合，奠定了以後隋唐盛世的牢固根基，而以純種胡人進主中原的鮮卑族，從相貌到文化，都融合在中華大家庭的滾滾血脈之中了。

北魏孝文帝拓跋宏聰慧早熟，祖母馮太后擔心他長大後對自己不利，所以並不喜歡他。有一次，她聽信讒言，杖罰了幼小的拓跋宏。還有一次，馮太后在大冷天裏，把穿著單衣的小皇帝關在空屋子裏，三天不給飯吃，還打算廢掉他。後來因爲大臣穆泰的勸阻，拓跋宏才保住皇位。

馮太后四十九歲時去世，謚號文明太皇太后，在「文明」的馮太后的調教下，鮮卑孫子拓跋宏被完全漢化。孝文帝二十四歲親政，首先把國都從山西平城遷到河南洛陽，遷都是爲了全盤漢化，因爲洛陽是東周、東漢、曹魏、西晉四個所謂華夏正統王朝的首都。

孝文帝下詔，鮮卑人一律改說漢語，穿漢服。三十歲以上的人，使用鮮卑語已成習慣，可以不立即改變；但是三十歲以下的人和在朝做官的人，嚴禁使用鮮卑語，明知故犯者降職或罷官。他還把鮮卑姓一律改爲漢姓，比如皇家的拓跋氏改爲元氏，自己從拓跋宏改叫元宏。

北魏孝文帝元宏爲什麼把拓跋氏改爲元氏？元宏說：「北人謂土爲拓，後爲跋。魏之先出於黃帝，以土德王，故爲拓跋氏。夫土者，黃中之色，萬物之元也。宜改姓元氏。」元宏以黃帝後裔自居，崇尚土德，所以改姓爲元。五胡十六國時，胡人國主都喜歡自稱天王，拓跋家比較另類，自稱土王，並以爲姓。

孝文帝元宏崇漢過度，搞起了漢族落後的「血統論」，完成了當年崔浩的理想。他確定范陽盧、清河崔、滎陽鄭、太原王爲漢人名門，再確定鮮卑族八姓爲鮮卑名門。弟弟咸陽王元禧娶普通鮮卑女孩爲妻，被他嚴加責備，他爲六個弟弟另娶漢人名門女孩爲妻，原來的鮮卑王妃都降級爲妾。

孝文帝說有個薛永跟劉備到了蜀中，河東薛家算是蜀人，不能算郡姓。侍衛軍官河東薛宗起真強，他聽到後，衝進來爭辯說：「我祖先曾到蜀中，兩代後便回到河東，至今六代，並非蜀人！」他一激動，把手中的戟折斷，丟在地上。薛氏竟因此得以列入郡姓，孝文帝笑著對他說：「卿不該叫『宗起』，實在是『起宗』啊！」

北魏孝文帝元宏首次進攻南齊差點掛掉。北魏太和十一年六月，元宏親率軍南伐，首戰攻克宛城外城。元宏率軍在一座橋上經過時，房伯玉在橋下埋伏敢死隊衝出，他們挺有才，頭戴虎皮帽，身穿虎皮衣，扮老虎突然襲擊。魏軍被打懵了，幸虧神射手原靈度救駕，元宏才倖免於難。

北魏太子元恂是一個怕熱的小胖子。他嫌洛陽太熱，總想回到北方，他不愛穿漢服，常作鮮卑人打扮，東宮屬官高道悅經常勸諫他。他趁老爸孝文帝元宏外出，想逃到平城，親手殺了高道悅，但被衛兵攔截沒跑成。元宏得知後大驚，回宮痛罵元恂，與弟弟元禧輪流動手，打了他一百多棒，他躺了一個多月才能起床。

太子元恂出逃事件發生後四個月，孝文帝元宏把元恂廢爲庶人，囚禁在河陽無鼻城，派兵看守，只提供布衣粗食。第二年四月，御史中尉李彪密奏元宏，說元恂與左右謀反。元宏急派咸陽王元禧與中書侍郎邢巒率人帶著毒酒趕赴河陽，逼迫十五歲的元恂自盡。北魏有慣例，立太子先殺太子他媽，元恂他媽白死了。

北魏孝文帝元宏豔福不淺，娶了三個姐妹花。在馮太后的主持下，元宏先後將馮太后兄長馮熙的三個女兒納入後宮。另外兩姐妹一名馮潤，一名馮清。馮潤貌美聰慧，十四歲入宮，深得元宏寵愛。不料她得了咯血病，馮太后讓她回家養病。馮太后去世後，元宏遵循馮太后遺詔，冊立馮清爲皇后。

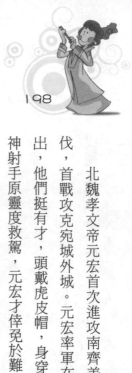

北魏孝文帝元宏也有一頂綠帽子。皇后馮潤木以爲是得了絕症，沒想到幾年後卻病情康復，元宏又將她召入宮中，封爲左昭儀，地位僅次於皇后。元宏深愛馮潤，最終將皇后馮清廢掉，立馮潤爲皇后，她的異母妹妹馮清出家做了尼姑。在元宏第二次南伐時，馮潤卻和以前給她治病的醫生高菩薩勾搭上了。

皇后馮潤的姦情被小姑彭城公主告發。孝文帝元宏的六妹彭城公主，是宋國宗室劉昶的兒媳婦，丈夫劉承緒早逝，馮潤逼她嫁給自己的同母弟弟馮夙。這門親事元宏答應了，彭城公主卻不願意，她坐了一輛小車，冒雨跑到東南前線懸瓠，向皇帝哥哥揭發馮潤與高菩薩的姦情。元宏聽說後，震驚不已。

元宏在前線病重，馮潤和她媽常氏找來女巫詛咒他早死。他南伐歸來，徹查皇后姦情，將姦夫高菩薩處死。他對這事低調處理，讓岳母常氏痛打馮潤，沒有殺她，也沒有廢掉她的皇后。他臨終前，說漢末太后專制的舊事不能重演，將馮潤賜死。北海王元詳帶人送去毒酒，馮潤奔走不喝，被強行灌下，死時三十歲。

彭城公主是個掃把星，嫁誰誰倒楣。彭城公主第一次嫁給宋國宗室劉昶的兒子劉承緒，劉承緒天生脊椎彎曲，二十七歲左右就死了，彭城公主沒有生養，回到皇宮居住，被侄子北魏宣武帝元恪改封爲陳留長公主。她三十三歲左右，嫁給三十七歲的尙書令王肅，不料他結婚一年多就死了。

王肅是王導的後代，父兄被齊明帝所殺，他逃到北魏。他和彭城公主結婚後，原配夫人謝氏帶著孩子也逃來北魏，謝氏是南朝才子謝莊的女兒，寫詩給丈夫：「本爲箔上蠶，今作機上絲。得路逐勝去，頗憶纏綿時。」彭城公主回信說：「針是貫線物，目中恆任絲。得帛縫新去，何能衲故時。」王肅只得讓謝氏做尼姑。

王肅死後，彭城公主因爲沒有生孩子，再次回到皇宮，這時她還不到三十五歲，正是如狼似虎的年齡。四十一歲的撫軍將軍張彝向公主求婚，公主很願意。尚書左僕射高肇也向公主求婚，卻被拒絕。高肇是當時北魏宣武帝元恪的舅舅，他就在元恪面前誣陷張彝，張彝命不好，沒等娶到公主當上駙馬就中風偏癱了。

天下武功出少林，少林出自北魏孝文帝。印度和尚跋陀來到北魏傳播佛法，深得元宏的敬重，元宏爲跋陀在洛陽設立「靜院」，供他禪修，可是跋陀喜好清靜，多次前往嵩山。第二年，孝文帝就在嵩山的少室山爲跋陀建造寺院，名爲少林寺。跋陀是爲少林寺的第一位住持，清朝景日昣《說嵩》稱：「少林者，少室之林也。」

北魏孝文帝元宏是雙性戀，他與大舅哥兼妹夫馮誕有私情。馮誕是馮太后的哥哥馮熙的長子，他和元宏同歲，自幼就陪元宏讀書，長大後，娶元宏的妹妹長樂公主爲妻。元宏對馮誕最親密，與他同吃同睡同勞動，弟弟元勰、元詳都沒這種待遇。馮誕受封司徒那天，元宏親自爲他撰寫三讓表。

當年北魏孝文帝元宏第一次出門拾掇人時，隨行的馮誕在半路病重，他臨行前與馮誕拉著手泣別。當天黃昏馮誕掛了，元宏不顧百里外的南齊大軍，竟然立即趕回。他撫屍痛哭，一直從晚上哭到天亮。馮誕死後，最高待遇全部追加。元宏親自撰寫碑文輓歌，回京後，帶著群臣又去墓前大哭。這不是有隱情誰信？

北魏孝文帝元宏的皇妃高照容是高麗人。她的父親高揚帶著全家從高麗移民到北魏，她十三歲時，地方政府上奏說她美得冒泡，可爲嬪妃，馮太后親自面試，爲之驚豔，將她納入後宮。她相繼生下兒子元恪、元懷和女兒元瑛。她二十九歲時突然病逝，傳聞爲左昭儀馮潤所殺，馮潤無子，元恪自此由她撫養。

元宏年幼時是個大力士，能用手指彈碎羊的肩胛骨。他善於射箭，飛禽走獸射無不中。十五歲以後，他就不再打獵。每次出宮，有關部門奏請修路，他都說簡單修繕，車馬能走就行了。他在淮水南岸行軍，就像在北魏國境內一樣，他禁止士兵踐踏農作物，砍伐百姓的樹木以供軍需，都留下絲絹抵償。

北魏孝文帝元宏鼓勵弟弟們謀權篡位？他曾對弟弟咸陽王元禧等人說：「我的後繼子孫萬一不肖，你們觀望情況，能輔佐就輔佐，不能輔佐就自己奪權，不要被別人搶去了。」元宏執法嚴明，對大臣都不寬容，但是有些小過錯，他都放過了。他曾在食物裏發現有蟲子，被近侍捧送羹湯誤傷了手，他都笑著寬赦了。

北魏孝文帝元宏才兼文武，堪稱北魏皇帝第一。他一生勤學，喜好讀書，車上馬上都不忘講經論道。他會寫文章，詔令、策書基本都是自己來寫。他三次率軍南伐，第三次在馬圈城與齊軍遭遇，他親自指揮戰鬥，均口大戰，齊軍慘敗，南齊主帥太尉陳顯達化裝逃走。此戰一個月後，元宏病逝，年僅三十三歲。

＊微歷史大事記＊

西元三三八年，什翼犍自稱代王，建都盛樂，加速了拓跋部立國的步伐。

西元三七六年，拓跋珪被其母親賀蘭氏攜走出逃。

西元三八五年，十五歲的拓跋珪趁亂重興代國，在盛樂即位為王。三八六年改國號「魏」，是為北魏。

西元三九六年四月，慕容垂親自率兵攻打魏國。

西元三九六年七月，魏王拓跋珪稱帝，改元皇始。

西元三九七年二月下旬，拓跋珪大敗慕容寶。

西元四〇九年，拓跋珪遇刺身亡。

泰常七年（四二二），拓跋燾以太子身分監國，時年僅十二歲。

西元四二三年年底，三十二歲正當盛年的拓跋嗣病死。其子拓跋燾繼位，是為北魏太武帝。

太武帝始光二年（四二五）十一月，拓跋燾率軍征伐柔然。

西元四二五年九月，夏國國主赫連勃勃暴死。

第十章

短命王朝

荒誕的南齊

史書中有不少怪力亂神的記載。比如「重瞳」的描述——上古的舜、楚霸王項羽以及大詞人李煜都是「重瞳」，當然還有北齊的高洋是「重踝」。其實，「重瞳」不過是早發白內障，遍體鱗文是牛皮癬，重踝是腳跟畸形，什麼東西到了帝王身上，都會被史家雲山霧罩一番。其實一切都是騙人的。

南齊也不例外。自蕭道成四七九年篡宋建齊，到和帝蕭寶融禪位給蕭衍被殺，南齊一代不過短短四代二十二年。但史書中也記載了諸多祖墳冒煙、讖言童謠、龍影朧等等「龍光吉兆」，還有做夢有神人說「子孫當昌盛」的鬼話。其實這二十二年之間，子孫相互屠戮之慘，小皇帝暴虐爲禍「罄竹難書」。

南齊的基業，始自蕭道成。蕭道成的帝位是從劉宋少主劉昱手中奪得的，最後他自己國家的敗亡，也歸於蕭家幾個不爭氣的少主，且發揚光大，一個壞過一個。蕭道成之所以日後建國，也是因劉宋的後廢帝劉昱（死後被貶為蒼梧王）荒淫濫殺而起變端所至。

宋明帝死後第二年（四七四），桂陽王劉休範謀反，右衛將軍蕭道成臨危受命，平滅反叛。四七六年，蕭道成升任尚書左僕射（宰相）。南朝宋國後廢帝劉昱即位時才十二歲。這個孩子自小就喜歡猴一樣地爬竿玩耍，喜怒無常，太子師傅等左右教習對他都沒有辦法，氣得宋明帝每每令他的生母陳太妃用大棍子教訓他。

十四歲，劉昱加元服（行成人禮）後，宮裏宮外都以成人之禮待之，劉昱開始肆無忌憚，不再像剛繼帝位時，宮內有太后、太妃管制，宮外有諸位元勳大臣經營國事，不敢放肆。劉昱頻頻出宮遊幸。開始時，還有個帝王的樣子，而後，就像野驢跑進了樹林，盡情撒起歡兒來。

小皇帝可真不是個善物。他讓左右從人常攜帶鉗鑿斧鋸，每每施行擊腦、椎陰、剖心的刑罰以爲樂趣，每日都殺死數十犯人。如果跟隨他的從人中在施刑時面有不忍之色，劉昱就讓那人立正站直，親自用長矛刺穿殺掉。但殘忍的劉昱卻是一位動物愛好者，在耀靈殿上養著幾十頭驢，自己所乘的御馬就在床邊餵養。

劉昱殺人像吸毒一樣成癮。如果哪天沒有殺人，劉昱就悶悶不樂。由於太后多次教訓申斥自己，少年很煩，就讓太醫煮毒酒，準備鴆殺太后。左右從人勸他：「太后死了，陛下您就得以孝子身分參加那些複雜的喪禮儀式，那樣就沒時間出去玩了。」劉昱這才打消毒死老媽的念頭。

劉昱大熱天忽然闖進領軍府，看見蕭道成挺著大肚子正在午睡。他命令蕭道成起立，在牆邊站直，又用筆在老將軍大肚子上畫個箭靶，引弓持滿，瞄準欲射。蕭道成嚇得動也不敢動。劉昱有位親信，見狀在旁邊勸解。劉昱換支代箭，一發正中肚臍，投弓大笑道：「這手活兒怎麼樣？」

劉昱估計是從哪個精神病院跑出來的，他常忽然無故發怒，劉昱邊磨劍邊咬牙切齒，「明天得把蕭道成殺掉。」他生母陳太妃在一旁罵他：「蕭道成有功於國家，殺了他，誰還爲你出力。」於是劉昱一時間就沒有再琢磨殺蕭道成的事情。雖如此，蕭道成內心不自安，密與幾位大臣想借機廢掉劉昱。

蕭道成篡宋後，建立齊國，當了四年的掌櫃，五十六歲駕崩。長子蕭賾襲位，是爲齊世祖武皇帝。在位十二年，五十四歲撒手西歸，傳位於皇太孫蕭昭業（其父文惠太子蕭長懋早死）。蕭昭業眉目如畫，容止美雅，寫得一手好隸書，齊武帝非常喜愛這個孫子。蕭昭業繼位時已經二十歲，改元隆昌，時爲西元四九四年。

蕭昭業自小由二叔竟陵王蕭子良撫養，很被嬌慣。由於無人管教，他與左右無賴二十幾人衣食飲酒皆在一處，天天嬉樂無度。他的妻子何妃也是個輕薄女子，與蕭昭業同玩的幾個美貌少年私通。竟陵王入京後，蕭昭業一個人留在西州，更加膽大妄爲，竟給無賴以黃紙預先寫上爵號官位，許諾自己當皇帝後立刻任命。

文惠太子病重時，蕭昭業演戲逼真，難過萬分，一旁不知底細的官員見到皇太孫如此孝順，都感動得嗚咽流淚。但他一回到自己的住處，就歡笑酣飲，方才的戚容一掃而空，可以說從小就是一個矯飾大王。文惠太子死後，蕭昭業被立爲皇太孫，移居東宮。爺爺齊武帝前來探視，他迎拜假裝嚎慟，哭得背過氣去。

「影帝」蕭昭業聽說武帝得病，蕭昭業派巫婆楊氏詛咒爺爺早死，自己好早登皇位，又給妻子何氏送信一封，上寫一大「喜」字，周圍繞以三十六個小「喜」字。但是待他進入宮內侍疾，蕭昭業一抹臉又變成一臉哀戚狀，言發淚下，在武帝床前跪問病情。齊武帝對這個孝順的皇太孫深信不疑，認爲他必能負荷帝業。

武帝剛剛閉眼，蕭昭業就把武帝的樂工演員們召來奏樂歌舞。樂工演員們懷念老皇帝，邊獻藝邊流淚，小皇帝則在寶座上嘻笑自若，歡飲大嚼。武帝發喪之日，蕭昭業剛剛送葬車出端門，就推說自己有病不能前去墓地。回宮後，馬上召集樂工大奏胡曲表演歌舞，喇叭胡琴，聲徹內外。

蕭昭業登基後，極意賞賜左右群小，一賞就百數十萬。每次看見下面端上金銀寶錠，就自言自語：「我從前想你們一個也難得，看我今天怎麼用你們！」御庫中，總共有錢八億萬之巨，金銀布帛不可勝數，蕭昭業繼位不到一年，已經揮霍大半，宮中遍佈的文物寶器，一群人平時拋擲擊碎，以此爲樂。

齊國宗室、近衛軍首領蕭諶、蕭坦之見小皇帝越來越不像話，就都暗中依附西昌侯蕭鸞，準備造反。四九四年，蕭鸞引兵入宮，蕭昭業正光著身子和寵姬霍氏飲酒，看見蕭諶領兵持劍奔來，小皇帝知道近侍謀叛，無奈用刀自刺脖頸，因酒喝多了加上膽力不夠，手哆嗦著未能自盡。

蕭諶派人用肩輿把蕭昭業抬出延德殿。從衛士們的視野中一消失，蕭鸞的兵士就在西弄裏面一刀結果了這位淫樂天子，時年二十二。蕭鸞以太后的名義廢蕭昭業為郁林王，迎立其弟新安王蕭昭文。不到四個月，蕭鸞廢蕭昭文為海陵王，自立為帝，是為齊明帝。很快，明帝就暗中派人殺掉時年十五歲的海陵王。

齊明帝蕭鸞是齊高帝蕭道成的哥哥蕭道望的兒子，其父早亡，由蕭道成撫養成人，恩養之情過於己子。蕭鸞即位後，自認為帝系旁枝，得位不正，加之自己親子皆幼小，宋高帝、宋武帝子孫都日漸成年，於是藉故大殺兩帝子孫。齊武帝蕭賾二十三個兒子，只有文惠太子和蕭子良是因病善終。

齊明帝蕭鸞在位五年，西元四九八年，在他四十七歲時病死，太子蕭寶卷即位，時年十六歲，就是中國歷史上鼎鼎大名的東昏侯。蕭鸞剛死，繼位為新皇的蕭寶卷每每看見巨大的棺槨擺放在太極殿就不高興，黑森森的大木頭盒子影響他玩樂的心情，不顧禮法森然，就想讓臣下速速拉去陵墓裏埋掉。

當臣下祭拜或屬國使臣臨弔時，作為「孝子」應該在旁「臨哭」，每次他都推稱「喉痛」。太中大夫羊闡是個禿頭，哭拜時官帽落地，露出禿瓢腦袋，蕭寶卷頓時哈哈大笑起來，對左右說：「這隻大禿鷲也來嚎喪！」一旁大臣們心中驚疑不已，從未見過這樣的「孝子」，而且是在這麼莊重肅穆的場合。

蕭寶卷在東宮當太子時天天玩樂，非常頑劣。最喜愛的事情就是大半夜裏和幾個小太監一起挖洞抓耗子，一抓就抓到大天亮。最討厭讀書寫字，蕭寶卷有口吃的毛病，不喜歡與朝臣士人在一起談論正事，總是和一幫太監和惡少們廝混玩耍。

蕭鸞訓子無方，臨死時沒有勸戒他如何當好皇帝守住社稷，反而提醒他要以被廢掉的郁林王爲戒，「作事不可在人後」，意思是對屬下王公大臣要果於誅殺，不能先被別人算計廢殺掉。江祏、江祀兄弟是齊明帝生母景皇后的侄子，殘忍好殺的齊明帝殺掉同姓叔、伯、兄、弟無數，卻十分信賴這兩個表弟。蕭寶卷繼位後，輔政大臣對他的淫樂遊玩雖有諫阻，但都是出於禮數勸勸而已，唯獨這兩個天天在內殿值勤的表叔一點面子也不給，說不行就不行。

蕭寶卷寵信的茹法珍和梅蟲兒因爲常爲二江兄弟所責罵，懷恨在心，不時在小皇帝面前說二江兄弟的壞話。江氏兄弟見小皇帝越來越不成體統，就與幾位輔政大臣商議，要廢掉蕭寶卷。劉暄向小皇帝告發了江祏、江祀兄弟廢立的密謀。蕭寶卷即刻派人逮捕兩位表叔，虐殺於殿內。

殺了江祏、江祀兄弟後，蕭寶卷無所忌憚，白天黑夜地與近侍們在殿堂內鼓叫歡呼，跑馬爲戲。快活之餘，他對近侍們說：「江祏常不讓我在宮內騎馬奔跑，這小子今天如果還活著，我怎能這樣快活？」又聽說江祐弟弟江祥還關在牢裏，蕭寶卷在馬上揮筆寫敕令，賜死唯一活著的表叔。

蕭遙光是齊明帝的親侄子。明帝在世時，凡是誅殺齊高帝、齊武帝子孫諸王，都是在蕭遙光的參謀建議下行使的，做了不少缺大德的壞事。始安王蕭遙光得知江祐兄弟被殺後，心中驚懼。蕭寶卷又下詔召他返回建康議事，更加讓他相信小皇帝要殺自己，於是他以討伐劉暄爲名，起兵造反。四日後，兵敗被殺。

以前齊明帝讓蕭寶卷常常和蕭遙光吃住在一起，感情很深，蕭寶卷常暱稱蕭遙光爲「安兄」。蕭遙光被殺後，蕭寶卷登上一起玩耍的舊宮土山，遙望蕭遙光被殺的東府，愴然呼喚「安兄」不已，黯然淚下。蕭寶卷此種「正常人」的舉止，史書上僅此一件。

平滅蕭遙光後，蕭寶卷覺得宰殺大臣太容易了。在近侍茹法珍等人的慫勇下，他不到一個月就殺掉本來參與鎮壓蕭遙光叛亂的功臣劉暄、蕭坦之和曹虎等大臣。其後，又鴆殺了徐孝嗣、沈文季、沈昭略三位輔政大臣。此時，六位顧命大臣中，只剩下太尉陳顯達一個人了。

陳顯達，彭城人，寒人出身，在南朝劉宋時以軍功被封爲豐城侯。齊高帝即位，拜護軍將軍、益州刺史。齊武帝即位，進位鎮西將軍，在益州誅滅山夷和大度村獠人

的反叛。齊明帝即位後，進封太尉。陳顯達謙厚有智謀，自以爲寒人出身而位居大官，每次升遷都有愧懼之色。

陳顯達不喜露富。齊明帝殘忍好殺，陳顯達更是心懷不安，平時所用車乘朽敗，隨從皆選用瘦小單薄之人。一次在宮廷侍宴，酒後他向齊明帝乞借枕頭一用。齊明帝命人取來一枕。陳顯達撫枕言道：「臣年已老，富貴已足，唯少此枕死，特就陛下乞之。」一句話，說得嗜殺成性的齊明帝也心有不忍，忙說：「公醉矣。」

蕭寶卷即位後，陳顯達在外督軍進攻北魏，殺傷無數，驚得魏孝文帝親自率十餘萬大軍增援，雖然最後陳顯達被擊退，但累得大名鼎鼎的孝文帝回去後不久就病死了。就是這麼一個歷侍齊國三主、功高蓋世的老將軍，聽聞徐孝嗣等人的死訊後也感禍之將至。

四九九年十一月，他於尋陽起兵數千人，想掩襲建業，在採石與朝廷軍相遇交戰，大勝。後來由於陳顯達太過輕敵，喪失優勢。陳顯達只帶數百步兵，在西州前與朝廷軍大戰，七十多歲的老人揮矛如飛，矛杆殺斷後，拿著矛尖還殺掉十多人。不久，官兵增援，陳顯達被殺於烏傍村，時年七十三。諸子皆伏誅，滿門抄斬。

誅殺陳顯達後，蕭寶卷更加驕恣放蕩，幾乎天天出外遊玩。每次出行，只要儀仗鼓聲一響，百姓立刻奔走逃避，一被發現就被當即殺頭。一次，有一個婦人正臨產沒來得及跑掉，他就和左右剖開婦人肚子，下刀前打賭嬰兒是男是女；又有一次一個老和尚生病未及走避，他下令把老和尚射得像刺蝟一樣遍體是箭。

蕭寶卷最寵信的這幫太監，被民間暗中戲稱為「鬼」。有位趙鬼，會讀書曉文義，能讀《西京賦》，把其中盛讚漢朝宮室之盛的描寫讀給蕭寶卷聽，小皇帝大喜，按照賦中的描述大起宮殿，刻畫裝飾，極盡綺麗。工匠晝夜不停地營建，仍舊被上面催逼趕工。窮奢極欲需要錢，蕭寶卷不斷加重賦稅科斂，百姓困擾不堪。

蕭寶卷常愛出外遊玩，宮殿內常有火災發生（不排除太監、衛士偷東西後怕人發現而縱火），最大的一次，火一下子燒毀了華林至秘閣的殿宇三千多間。蕭玉卷趁機大作新殿。其中專門為潘妃建造的就有神仙、永壽、玉壽三座宮殿，金碧輝煌，五彩絢爛。

小皇帝喜歡園林景致，把閱武堂改建成芳樂苑，大暑天種樹，朝種夕死，死而復種，反正最後沒有一棵樹活下來，匠人反覆無窮地把活樹挪進死樹搬出。為了保持園林常綠，城裏城外大肆搜刮，見樹就取，破門毀院，從居民家裏把樹木倒騰出來。不少幾人合抱的大樹，費盡人工移掘至宮內，沒看上幾眼就落葉蕩盡。

潘妃之父是小商販出身，潘妃自小就喜愛市場買賣的熱鬧景致。蕭寶卷專門為她在皇宮後花園設立店肆，模仿城內集市的樣子，放置所有日用百貨雜物，與宮人太監一起假裝商販立於店內高聲吆喝。蕭寶卷自己有過錯，潘妃也怒目圓睜大聲叫打，蕭寶卷很懼內，暗中吩咐從人不能在潘妃發怒時用大荊棍對他施刑。

潘妃給蕭寶卷生了個女兒，可只過了一百天，孩子就夭折了。當年他爸齊明帝死了，他一點都不傷心，不穿孝服，照常吃肉。這回潘妃給他生的女兒死了，他真的很傷心，身穿粗布衣服，只肯吃素，一個多月都沒有觀賞歌舞。他的近侍王寶孫等人就一起做出美味佳餚，來勸他吃，號稱「爲天子解菜」。

蕭懿是蕭寶卷的平叛秘密武器。蕭寶卷誅殺朝臣，將領人人自危。太尉陳顯達起兵，兵敗身死。大將裴叔業起兵，蕭懿領兵征討，裴叔業被迫降魏，途中病逝。大將崔慧景起兵，殺入建康，圍攻內城台城，齊室大亂，蕭寶卷用密詔傳蕭懿來援。蕭懿當時在吃飯，立刻扔掉筷子，率三千銳卒渡江，擊潰崔慧景大軍。

蕭懿是南齊第一大忠臣。他平叛有大功，被封爲尙書令，茹法珍等人很畏懼他。半年後，茹法珍等人說他欲行廢立事，蕭寶卷派人送毒酒給他。他的部下長史徐曜甫在江邊準備小船，勸他逃往弟弟蕭衍處，蕭懿說：「自古皆有死，哪有叛逃的尙書令？」他服毒前，對使者說：「家弟在雍州，深爲朝廷擔憂。」

蕭衍聽說兄長蕭懿被殺，就在襄陽起兵，一路勢如破竹。蕭寶卷對此非常淡定，茹法珍報告說蕭衍軍隊過了尋陽，蕭寶卷笑笑說：「不急不急，等敵軍來到白門（建康南門）前，再與他決一死戰。」

蕭衍大軍攻打建康時，蕭寶卷與衛士、宮人在華光殿前也演習作戰，假裝受傷，讓人抬走，用來驅凶求吉。他在宮中身穿戎服，以金銀爲鎧冑，遍插羽毛、寶石等裝飾，作息和平常一樣，晝伏夜出，玩樂如故。他聽見攻城的鼓聲，就穿著大紅袍，登上景陽樓，眺望觀賞戰況，幾乎被飛弩射中。

小太監王寶孫也學韓信，玩起背水一戰。蕭衍大軍殺到在城南的朱雀門，蕭寶卷命王珍國率十萬多台城軍列陣迎戰，派王寶孫手持白虎幡督戰。王寶孫讓人拉開浮橋，背靠秦淮河作戰，斷絕台城軍後路。蕭衍的大將曹景宗、呂僧珍焚燒台城軍軍營，全力衝擊，台城軍立即崩潰，不少人成爲秦淮河上的亡魂。

朱雀門大敗後，台城軍士氣低落。茹法珍等人情急，磕頭請求蕭寶卷賞賜守城軍士，來提高戰鬥力。蕭寶卷卻不答應，他回答：「賊來不是要我個人的命嗎？幹嘛只找我要東西。」

蕭寶卷連木頭都捨不得。後堂有數百張上好木料，軍士想拿去加固城防，蕭寶卷想留著做殿門，下令不給。他又讓人趕製三百人用的精仗，準備慶功時給儀仗隊使用。台城軍聽說後，都想逃亡投降。茹法珍勸蕭寶卷殺人立威，他在猶豫，守城的王珍國和張稷嚇壞了，派親信張齊聯絡宮內太監錢強，準備弒君。

蕭寶卷當了四年皇帝，死時十九歲。那天晚上，蕭寶卷上床後還未睡熟，聽見外面有動靜，就逃往後宮。當時宮門已經關閉，他被叛軍發現。太監黃泰平一刀砍中他的膝蓋，他摔倒在地，回頭說：「奴才造反了？」張齊補上一刀，斬下頭顱，用黃油紙包了，送給蕭衍驗看。

蕭衍將蕭寶卷的寵信近侍全部處死，但捨不得殺潘妃。大將王茂說：「亡齊就是此物，留著將會招來非議。」將領田安想求取潘妃爲妻，潘妃哭著說：「以前遇見時主，現在怎麼能匹配非類。死而後已，義不受辱。」蕭衍只得將她縊死。

南齊只存在了二十三年，是南北朝時最短命的王朝。蕭衍立蕭寶卷的弟弟南康王蕭寶融爲帝，爲齊和帝，追貶蕭寶卷爲東昏侯。他進位大司馬，得到殊禮，比劉裕、蕭道成的速度還要快，接著晉封梁公、梁王。同年，他以和帝詔令殺盡南齊宗室，隨後導演禪讓老戲，改國號爲梁，爲梁武帝，接著殺了蕭寶融。

蕭衍專權後，十六歲的蕭寶寅逃到北魏，路人以爲他是被搶來販賣的人口。他舉止雅重，受到宣武帝元恪的喜愛，把姐姐南陽公主嫁給他，封爲齊王。他與公主感情很好，每次回家，公主必定站著等候。除了皇太妃有病去看望外，她很少回娘家。蕭寶寅一心復國，成爲元恪的南伐大將。

蕭衍是南朝文武雙全第一名的皇帝。史書稱他：「六藝備閑，棋登逸品，陰陽緯候，蓍筮占決，並悉稱善。草隸尺牘，騎射弓馬，莫不奇妙。」齊武帝時，他與沈約、范雲、蕭琛、任昉、謝朓、王融、陸倕七位文人並稱「竟陵八友」。在他的指導方針下，梁朝大力加強精神文明建設，文化發展達到東晉以來最繁榮的時期。

微歷史大事記

西元四七四年，桂陽王劉休範謀反，右衛將軍蕭道成臨危受命，平滅反叛。

西元四七九年，蕭道成篡宋，建立南齊。

西元四九四年，蕭昭業繼位，改元隆昌。

西元四九四年，蕭鸞引兵入宮，殺蕭昭業，迎立其弟新安王蕭昭文。

同年，蕭鸞廢蕭昭文為海陵王，自立為帝，是為齊明帝。

西元四九八年，蕭鸞病死，太子蕭寶卷即位，即東昏侯。

四九九年十一月，陳顯達造反。

西元五〇二年，南齊滅亡。

第十一章

文明太后

真的文明嗎

馮太后的祖父馮宏是北燕最後一位皇帝，北燕國家被魏太武帝拓跋燾滅亡，馮宏跑到高麗後，被高麗國王落井下石殺掉。她的父親馮朗歸附魏國後，曾被封爲西域郡公，當過秦州和雍州刺史，後因牽連案件被殺。十四歲時，文成帝拓跋浚即位，馮氏憑相貌和才華被選爲貴人，後來被立爲皇后。

馮太后是一位天才演員。文成帝二十六歲駕崩。根據魏國舊制，皇帝駕崩，三天後就要把他生前的御服器物一併焚燒，儀式期間，朝廷百官和宮中嬪妃哭臨。馮后年輕喪夫，痛不欲生，悲叫著跳入火堆，左右急忙救治，好長時間才甦醒過來。由此可見，馮太后這齣戲演得確實逼真。

魏顯祖獻文帝拓跋弘繼位，時年十二歲，尊馮后爲馮太后。拓跋弘的生母李氏，資質美麗，當年初進宮，文成帝從樓上遠遠望見就心旌搖盪，對左右言道：「這真是個佳婦！」馬上下樓，來不及找個有床有鋪蓋的好地方，在倉庫裏擁之臨幸，懷上了後來的獻文帝。獻文帝出生後，李氏被拜爲貴人。

太武帝太安二年，李氏子被立爲皇太子。太武帝的保姆，當時被封爲保太后的常氏勒令她按魏朝規矩受死。臨死時，李氏給自己兄弟寫信，囑託後事。死前，一講到兄弟二字，李氏就拊膺慟泣，嚎哭不已。獻文帝後來追諡生母爲元皇后。福兮禍兮，馮后自己沒生太子，反而平安逃過死劫，又坦然安坐太后之位。

當時，車騎大將軍乙渾趁亂專權，矯詔殺害尚書楊保年、平陽公賈愛仁等人，又把自投羅網前來奔喪的平原王陸麗殺掉，自稱丞相，位居諸王之上，事無大小，都由乙渾一個人說了算。正當主少國疑，奸臣擅權之時，馮太后顯現出其過人的機智和膽識，經過短時間周旋後，殺掉乙渾，臨朝聽政。

北魏獻文帝拓跋弘剛毅有斷，又喜好研習黃、老之學以及佛經，是那種天資特別聰明的人。他十二歲即位，幾年後皇子拓跋宏（父子名字同音，在漢族帝王中很少見）出生，馮太后歸政給他，使他更能自行其是，決斷朝事。漸漸的，權力之爭使這對名義上的母子之間的關係發生了微妙的變化，隔膜頓生。

馮太后當時也還三十歲不到，守寡難熬，就與風流倜儻的臣下李奕有了那麼一腿。獻文帝年輕人好面子，聽到外面議論紛紛，心中生氣，覺得這個李奕給自己死去的父皇大戴綠帽，不可忍耐。恰巧李奕的弟弟魏國南部尚書李敷在相州刺史任上時受納賄賂，爲人所告。獻文帝趁機以法連坐，誅殺了李奕、李敷兄弟兩家。

馮太后年輕的情夫被殺，內心毒怨可想而知。但她仍舊不動聲色，暗中注視朝臣的動向和這個翅膀已長硬的小皇帝的舉措。大概是母子失和，又鄙棄富貴，心煩的小皇帝一年後就要把帝位讓給叔叔京兆王拓跋子推。大臣們以禮制爲由反對，訴說禪位給皇叔之舉是紊亂宗祀的事情，要禪位也要讓皇太子繼位。

後來獻文帝把帝位禪給六歲的兒子拓跋宏。小孩子在禪位大典上哭得淚人兒一樣，年輕的父親奇怪地問這孩子爲什麼這麼傷心，拓跋宏回答：「代親之感，內切於心！」這位小皇帝就是日後名震寰宇的孝文帝。帝位雖內禪給太子，獻文帝仍然大權在握，他勤於政事，賞罰嚴明，慎擇官員，進廉退貪。

漸漸的，馮太后覺得拓跋弘越來越英明，日子一天天過去，母子兩人一天比一天疏遠，相互猜忌之中，激起馮太后的殺心，於四七六年夏天的某個夜晚，馮太后派人在繼子的酒中下毒，鴆殺了這位年輕的皇帝，時年才二十三歲。馮太后又升一格，以太皇太后的身分重新主持國家大政。

正值虎狼之年的馮太后政事纏身之餘，私生活也很豐富，其中王睿、李沖最受愛寵。王睿，字洛誠，其父是以天文卜筮爲生的江湖中人。王睿其人資貌偉麗，因事得爲馮太后接見，偉岸的身軀和英俊的容貌令太后情不能已，床幄侍奉之後，馬上被破格提拔爲給事中，不久又步步登高，受寵日隆。

太和二年，文明馮太后與孝文帝率百官、宮人等去虎圈賞虎，有隻偷跑出來的吊睛大老虎從閣道上跑下來，差點衝到御座之前。左右的衛士和宮人全都嚇得四散，唯獨王睿一人揮舞畫戟，站在馮太后和小皇帝面前阻擋老虎。如此英武，老虎也嚇得退走，此後，一切都不用說，信任更重。

王睿與馮太后兩情相洽，馮太后密賜其珍玩無數，都在夜裏兩人歡娛後，讓宦官們用大蓬車裝載，一車又一車地把宮中之物往王睿家裏送；又明加褒賞，賜以田園、牛馬、奴婢，所費又以萬計。估計費心用力過度，王睿四十八歲就得了重病，馮太后和孝文帝親臨探病，侍官御醫，相望於路，但最終不免步入黃泉。

李沖，字思順，隴西人，其父李寶曾獲封敦煌公。李沖自少就沉雅有大量，清簡皎然，又善交遊，不妄雜戲，當時的聲譽很好。他上書首創三長制以防止平民的隱冒問題，文明太后覽閱他的表章後很是讚賞，兩人相見後，文明太后頓起愛念，召至宮內，把公事和私事就一起辦了。

大魏王朝國力雄盛，四方進貢不絕，馮太后以充國之富寵愛一兩個小夥子，於國無損絲毫。李沖又是個器量不凡、學而廣博的年輕人，能在貴寵至極時謙遜自抑，廣散家財，虛己接物，照顧寒士，當時的聲譽並未因和馮太后有一腿就受到汙損。同時，他還不避前嫌，對仇人之子也深加呵護，對遠親的孤兒也照顧有加。

魏朝按照舊制，皇帝對王公重臣都直呼其名，孝文帝尊重李沖，惟獨見他不呼姓名，而叫他「李中書」。現在看來這是小事一樁，但在封建王朝這可是非常的大事。馮太后死後，李沖議定禮儀律令，潤飾辭旨，竭忠奉上，當時的舊臣宗親也都很敬服他的明斷慎密，與孝文帝君臣之間的關係也是親密莫二。

孝文帝真正掌權後，幾次南伐，包括遷都洛陽，李沖都善言勸諫，多方考慮，爲魏王朝可以說是殫精竭慮。魏朝北都平城的明堂、太廟、圓丘以及洛陽新都的殿閣堂寢，都出自李沖的構思。四十九歲，李沖病死。孝文帝親自爲他舉哀，放聲大哭，悲不自勝。

身以太后之尊，即使在找「男寵」方面，馮太后也有過人之處，比起呂后身邊的審食其，武后的張易之兄弟、和尙面首，馮太后的「相好」最終都對皇室忠心不二，而且還是治國能臣，除了封建史家略有微辭外，史書中對馮太后的男女之事也沒有過多渲染，更無刻意指摘。

自孝文帝承平元年起，馮太后以太皇太后之尊臨朝聽政，雖爲婦人，但她天性聰達，剛入宮掖時就粗學書計，臨朝時英明立斷，省決萬機，國家大事全部由她一個說了算，因爲孝文帝年輕，馮太后自己作《勸戒歌》三百多篇，又作《皇誥》十八篇，以教授孝文帝如何修養德操，作好皇帝。她還在長安爲孔子立文宣王廟。

馮太后又是個性情嚴明、不徇私情的女主子。左右侍奉之人有小小過錯，她動不動就大加捶楚鞭撻，多至數百下，少也有幾十，然而她「性不宿憾」，事情過了之後心中不存芥蒂，仍然待之如初，許多人日後還會更加富貴，「是以人人懷以利欲，至死而不思退」。

馮太后雖性情暴躁，對孫子孝文帝也算是慈明仁愛，自拓跋宏一出生就親自撫育，雖然中間有段時間看到少年孝文帝日益聰明英達，怕自己死後，年輕皇帝會對自己母家不利而要加害於他，但最終在李沖等人勸諫下仍然善始善終，成就了孝文帝日後遷都改制的千秋萬歲名。

畢竟婦道有虧，馮太后害怕別人背後議論自己，對群臣左右小有猜忌，馬上就行誅戮。一直到馮太后死前，孝文帝都不知道自己的生母是何人，可見馮太后的威酷到達何種程度。承明十四年，四十九歲的馮太后崩於太和殿。孝文帝五天五夜漿水不入口，哀痛至極，上諡曰：「文明太皇太后」，史稱文明馮太后。

文明馮太后於西元四九〇年逝世後，孝文帝才真正做了皇帝。他親政時間雖然只有短短的九年，卻完成了北魏從平城遷都洛陽、漢化、改革等等在中國歷史上影響甚巨的歷史任務。可以這樣說，日後隋、唐光榮赫赫的大一統國家，孝文帝拓跋宏是真正意義上的奠基者。

西元四九三年（北魏孝文帝太和十七年，南齊武帝永明十一年），經過深思熟慮，孝文帝準備遷都洛陽。一個原因是洛陽處於北魏王朝的相對中心地帶，可以「通運四方」，加之平原地區交通便捷，民以食爲天，這樣一來就解決了最根本的問題。另外一個重要的原因，就是平城的地理位置太接近北方蠻族柔然。

孝文帝遷都洛陽乃明智之舉，不僅可以避開北來柔然的危險，又可以借機南擴，運氣好的話還可以統一南北，成爲中華正統帝王。當然，當時遷都的選擇，有洛陽和鄴城兩處地點。但是，一直受正統儒學薰陶的孝文帝以華夏正朔自居，自然要定都在傳統的京都洛陽。鄴城之地，總讓人感覺定位不正。

孝文帝決計遷洛，又恐群臣不從，便演了一齣戲。孝文帝拜辭文明太后永固陵後，率三十萬大軍，以南伐爲名，向洛陽進發。大軍到洛陽後，孝文帝做出執鞭御駕親征的模樣。文武大臣見狀，紛紛攔阻。孝文帝假意道，如果你們不讓朕南伐也行，我們就遷都到洛陽，怎麼樣？大臣中諸多的鮮卑人都不想遷都洛陽，但又都「憚於南伐」，兩害相權取其輕，就都退而求其次，不再竭力反對遷都。

如此大事，一舉而定，孝文帝自然歡喜。十一月，他留尚書李沖和將作大匠董爾等人留據洛陽營造新都城，自己途經鄴城，暫還舊都平城。遷都洛陽，是北魏孝文帝一生中最重要的功業之一。只有遷都於傳統漢地，才能真正徹底漢化，填平鮮卑和漢人之間的心理鴻溝，從根本上消除種族之間的矛盾。

太和十八年（四九四）春，孝文帝回到舊都平城，在任城王拓跋澄等人的協助下，逐漸說服了不願遷都的鮮卑舊臣。年末，由於得知齊明帝弑少帝自立，以維持正統自封的北魏孝文帝準備親自統兵伐齊。出發前，他下詔嚴禁國內士民穿著胡服，

「國人多不悅」，鮮卑族臣民對此詔都很反感。

太和十九年（四九五），孝文帝親自率兵渡淮河，率三十萬鐵騎屯兵壽陽。此次出兵倉猝，加上天氣濕熱，士卒疲勞，北魏軍隊基本沒有什麼戰果可言，久攻數城不下。而且，洛陽又處於草創之際，本來就消耗了不少人力、物力，加上軍中後勤供應短缺，又有不少鮮卑貴族反對，孝文帝不得不撤軍。

西元四九五年，孝文帝太和十九年七月，拓跋宏又親下詔令：「今欲斷諸北語，一統正音。」北魏又依據《漢志》改革度量衡。年底，孝文帝又廢除了北魏長久以來以貨易貨的交換方式，下令鑄造太和五銖錢，並詔令公私使用。建成金墉宮後，孝文帝又在洛陽立國子監、太學、四門小學。

太和二十年（四九六）正月，孝文帝又做出令人吃驚的舉動：改姓元氏。不僅改皇族拓跋氏爲元氏，對於鮮卑貴臣大姓，北魏孝文帝也下詔改姓：拔拔氏爲長孫氏，達奚氏爲奚氏，乙旃氏爲叔孫氏，丘穆陵氏爲穆氏，步六孤氏爲陸氏，賀賴氏爲賀氏，獨孤氏爲劉氏，賀樓氏爲樓氏，勿忸于氏爲于氏，尉遲氏爲尉氏。

北魏孝文帝的漢化，還有不少細微之處，諸如改定官制，一洗昔日雜亂無章的鮮卑舊制，非常系統地統一了內外文武官員的職號；又改定律令，廢除殘忍的斬首、腰斬等酷刑，除去了從前北魏族誅連坐甚眾的酷法，顯示出孝文帝的仁德大度。當然不喜南伐遷都漢化之舉，想謀反的人也被誅殺。

北魏孝文帝初期，還有一項非常重要的舉措，即均田制。太和九年（四八五），北魏頒佈均田法。這限制了農民的自由遷徙，保障了北魏的租調來源。均田制對當時中國北方的農業恢復起到了重要作用，也從根本上改變了鮮卑國家的經濟結構，使農業逐漸佔據了絕對重要的地位，加速了鮮卑王朝脫離奴隸制的過程。

北魏孝文帝是中華民族大融合過程中最最關鍵的人物之一。從他開始，漢人漸漸消除了對「胡」族統治者的惡感，消除了以往中原地區最難泯滅的民族界限，使北人南化，南人北化。如此雄才大略之主，把鮮卑種族的勃勃生機，注入至漢文明衣冠禮儀之中，精粹相揉，惠及海內，大隋盛唐，皆由此肇源而出。

＊微歷史大事記＊

西元四四二年，馮太后出生於長樂信都（今河北冀縣），年幼入宮，成了拓跋氏的婢女。

西元四五四年，馮太后被登基不久的文成帝選中做了貴人。

西元四五六年，十四歲的馮氏被文成帝立為中宮皇后。

西元四六五年五月十一日，文成帝英年早逝。文成帝死後第二天，年僅十二歲的皇太子拓跋弘即位，是為獻文帝。馮后被尊為皇太后，臨朝聽政，成為北魏的政治核心。

西元四八四年六月，在馮太后的主持下，北魏仿效兩漢魏晉舊制，下達了「班俸祿」詔書。

西元四八四年十月，馮太后頒佈了「均田令」，從而開始在社會經濟方面進行重大變革。

第十一章 文明太后

真的文明嗎

233

西元四八六年，馮太后又主持對宗主督護制進行改革，實施了「三長制」。

西元四九〇年九月，馮太后死於平城皇宮太和殿，諡號文明太皇太后。

第十二章

天賜良機

英雄莫問出處

北魏王朝本來是國力強盛、控弦百萬的北方大國。偏偏魏王朝皇帝壽數不永，往往二三十歲就得病而死，或是在三四十歲的壯年被弒，或是十幾、二十歲就被母后鴆殺。孝文帝死後，其子世宗宣武帝在位十七年，三十三歲病死；宣武帝的兒子孝明帝六歲即位，在位十三年，十九歲時被親生母親胡太后毒殺。

英雄莫問出處。在群雄四起、狼煙遍地的情勢下，爾朱榮出場了。爾朱榮，字天寶，魏國北秀容人。爾朱榮的先世一直居住於爾朱川這個地方，因此以居住地爲姓氏。幾代以來，爾朱氏一直是部落酋長，屬於契胡種。爾朱榮的爺爺名叫爾朱代勤，曾數次跟隨太武帝拓跋燾外出征伐，屢建功勳，獲封爲立義將軍。

爾朱代勤曾與部落之人在山中圍獵，部民射虎，誤射中他的大腿。爾朱部落當時仍屬於奴隸制社會，奴隸竟然以箭中主，按常理必死無疑。爾朱代勤自拔箭鏃，對左右說：「這是誤射，我怎能忍心加罪於人啊。」其部落之人知道這一消息，都很感動，更加忠心於他。老頭子心善人好，九十一歲善終。

爾朱榮的父親名叫爾朱新興，世襲酋長。到他這一輩財貨更爲豐盈，牛羊駝馬無數，以山谷爲計量。朝廷每有戰事，爾朱新興都出人出馬，出錢出糧，孝文帝非常高興。遷都洛陽後，特別准許他冬朝京師，夏歸部落。肅宗孝明帝時，爾朱新興懇請把酋長位傳給兒子爾朱榮，幾年後壽終正寢，終年七十四歲。

爾朱榮襲爵後，恰值肅宗孝明帝正光年間，胡太后總持朝政，四方兵起，天下大亂。爾朱榮招合義勇，先跟隨李崇和侵入魏境的柔然可汗阿那環作戰。接著，他又受命鎮壓南秀容萬子乞真的反叛，平滅秀容郡乞扶莫於的起義，瓜肆的劉阿如作亂，敕勒的北列步若作亂，都被爾朱榮討平，封安平縣開國侯，食邑一千戶。

南征北戰之中，人馬不過一萬的爾朱榮逐漸弄清魏朝的虛弱，瞭解到數以十萬、百萬計的王朝軍隊和作亂的烏合之眾皆不堪一擊。肅宗孝明帝與母后胡太后鬧僵，私下密詔爾朱榮進兵洛陽。爾朱榮大喜，立馬起兵。走在半路，聽聞孝明帝已經駕崩（年十九歲，被胡太后毒死）。興頭正盛的爾朱榮聞訊怒不可遏。

爾朱榮勤兵擁眾，直指京師殺來。同時，他又派遣從侄爾朱天光等親信密見長樂王元子攸，並於武泰元年立元子攸爲帝，是爲敬宗孝莊帝。胡太后派面首小白臉李神軌統軍抵擋，兵鋒未交，李神軌就扔下軍隊跑了。爾朱榮大軍入京，派軍士把胡太后和三歲的小皇帝扔入黃河淹死了。

爾朱榮在擁立元子攸爲帝的同時，又把子攸的兄長彭城王元子劭和其弟霸城西元子正一起弄到河陰，封元子邵爲無上王，元子正爲始平王。不久派兵士舉刀奔向行宮，聲稱防衛，擁入帳中把兩個王爺砍成幾段。聽見兩個兄弟帳外慘叫，莊帝元子攸慌問究竟，軍士也不回答，逼著他走到河橋，軟禁於帳篷之中。

爾朱榮很迷信，派人鑄他自己的金像。一共鑄了四次，金像全部都沒有鑄成。爾朱榮精神恍惚，不能自持，當夜四更時分，爾朱榮重新迎回莊帝還宮。他從馬上滾落，向莊帝叩頭請死。此時莊帝只是個傀儡，自己保住性命能不死正慶幸，哪還敢讓爾朱榮死？

五月，爾朱榮又被加封為北道大行台。他親自到光明殿入謝孝莊帝，發誓自己沒有二心。魏帝也發誓說自己從未猜疑過爾朱榮。爾朱榮大喜，求酒大飲，醉至不省人事。望著這位殘殺自己兄弟手足的權臣，莊帝殺心頓起，直想上前一刀結果爾朱榮。半夜，爾朱榮酒醒，心中害怕至極，從此不再到皇宮裏留宿。

魏莊帝元子攸即位後，天下有主，元悅和元彧都回到魏朝。梁武帝蕭衍封元顥為魏王，派大將陳慶之帶數千兵士護送他北還。南朝梁國這位陳慶之大將軍，字子雲。他自幼追隨梁武帝，勤忠事上，很被武帝親信賞識。大通元年，渦陽一戰他以少勝多，連破魏兵十三城，斬獲數萬，梁武帝手詔慰勉。

魏朝大亂，被爾朱榮擁立的魏莊帝元子攸單騎奔逃。元顥入據洛陽宮，魏朝宗室百官備法駕迎元顥。陳慶之獲封為車騎大將軍、侍中。元顥坐上皇座，四方人情都盼望新帝英明，能重整朝政。元顥自認是天授帝命，驕怠漸生，日夜縱酒取樂，不理國事。魏朝國人開始對元顥失望。

元顥據洛陽後，與陳慶之開始互相猜忌。魏朝宗室諸王也暗中勸說元顥脫離梁朝武帝的指揮。陳慶之暗中也有準備，爾朱榮與元顥和陳慶之雙方在黃河兩邊對峙。爾朱榮派爾朱兆縛派兵造筏，搶渡黃河，旗開得勝，一舉擊擒元顥的兒子——領軍將軍元冠受。元顥屬下安豐王元延明聞敗大潰。洛陽失陷，元顥逃。

爾朱榮親自率兵追擊陳慶之，正值嵩河水暴漲，陳慶之梁朝軍士死散殆盡。陳慶之削髮裝扮成和尚，隻身一人步行逃回梁朝。雖如此，梁武帝仍以功封他爲永興縣侯。儒將風采，千載一時。如不以成敗論英雄，陳慶之當爲南北朝第一奇將。元顥跑至臨潁時，從騎逃得一個不剩，被縣卒江豐殺掉，傳首洛陽。

「挽狂瀾於既倒」。這句話用在彼時的爾朱榮身上絲毫也不過分。魏莊帝宴勞爾朱榮，一時之間，魏朝的統治看上去又得以鞏固。不久，爾朱榮又派爾朱天光和賀拔嶽一舉消滅掉關中大盜萬俟醜奴等人，三秦、河州、渭州、瓜州、涼州、鄯州全部降附。恰恰也正在此時，自以爲對魏朝有再造之功的爾朱榮跋扈至極。

吏部尚書李神儁清理官員選拔程序，發現爾朱榮推薦的曲陽縣令沒有任官資格，就沒有批准任命，另選其他有資歷的人上任。爾朱榮大怒，派自己推薦的人火速赴任，趕走了皇帝任命的官員。李神儁十分害怕，馬上上表辭職。爾朱榮便派從弟爾朱世隆掌管甄選官員的事情，一切都由爾朱家裏的人說了算。

魏莊帝外有強臣逼迫，內有惡后威嚇，經常怏怏不樂，一點沒有萬乘之尊的欣喜樣子。他唯獨慶幸天下多事，盜賊不息，這樣爾朱榮有事忙不過來，對自己的壓力還要少些。到關隴大定，捷報頻傳之日，莊帝反而面有憂色。城陽王元徽與侍中李彧都憎恨爾朱榮專權，想自己掌握朝政，就天天暗中勸莊帝除掉爾朱榮。

此時，爾朱榮又申請入朝，聲言要伺候皇后坐月子。莊帝心中驚懼，既怕他來又怕他不來。天天與親近大臣商量殺掉爾朱榮的辦法。商量了好久也沒有商量出個什麼好辦法。只好隱忍不發，可總是如鯁在喉。

五三〇年八月，在四五千精裝騎兵的簇擁下，爾朱榮從並州出發，旌旗招展，刀劍鮮亮。當時，朝野人士都說爾朱榮要造反，又紛紛傳說莊帝要幹掉爾朱榮，一時間議論紛紛。九月，爾朱榮到達洛陽。魏莊帝想馬上殺了他，又怕留在並州的元天穆起兵為後患，隱忍未發，下了一道詔書讓元天穆也進京。

九月中，天文怪異，長星出中台而掃大角。爾朱榮找來頗曉天文星象的恒州人高萊祖問其寓意，回答是「除舊佈新之象」。爾朱榮很高興，以為吉兆在己。爾朱榮手下個個都覺得自己會新朝顯貴，主子馬上要開國登基，便對魏莊帝左右大臣橫加欺侮。

莊帝想起幾天前奚毅講爾朱榮要借出獵的機會挾持天子遷都的事情，更加下定決

心除去權臣。經謀劃，莊帝親手刺死爾朱榮，元天穆也死在亂刀之下。跟隨爾朱榮入宮的十四歲的兒子爾朱菩提以及從人三十多個全被伏兵所殺。被殺時，爾朱榮三十八歲。

爾朱榮死訊傳出來，爾朱榮的妻子率領部曲，焚西陽門跑出，屯兵河陰。爾朱榮的堂弟爾朱世隆本來想北奔，爲爾朱氏親信司馬子如所止，並還軍京師，遣胡騎一千，臨城齊聲嚎哭索要爾朱榮屍體。大家誰也沒有料到爾朱世隆又敢回軍，洛陽城只得緊閉四門。

不久，爾朱世隆北遁，沿途燒殺搶掠。爾朱榮的堂侄爾朱兆佔據晉陽，爾朱世隆據長子，加上爾朱家庭其他成員紛紛擁兵占地，又推立太原太守長廣王元曄做傀儡皇帝。爾朱彥伯、爾朱仲遠、爾朱世隆兄弟和爾朱兆等四面齊攻都城。十二月，爾朱兆以輕兵倍道兼行，從河橋西涉渡河。

魏莊帝本以爲黃河天險，水深流急，爾朱兵馬不可能這麼快過來。天意弄人，那年黃河逢旱，水不過馬腹，爾朱兆的兵馬一突而入，一直衝到宮門，守門衛士才發覺，魏莊帝慌忙徒步趕出雲龍門外，正遇城陽王元徽乘馬逃跑，連聲呼喚，這位與之共定大計殺爾朱榮的王爺頭也不回，逕自逃命而去。魏帝束手就擒。

夜晚，魏帝被單獨鎖在永寧寺樓上，凍得全身發抖，哀求看守兵士向爾朱兆要頭巾取暖，爾朱兆根本不理。當夜，爾朱兆撲殺爾朱皇后所生的莊帝親子（孩子正在吃奶，活活摔死，慘絕人倫，怎麼也是爾朱榮的親外孫），遍淫宮內王妃公主。不久，爾朱兆親手把莊帝勒死於晉陽三級佛寺之中，時年二十四。

爾朱世隆讓爾朱榮配饗孝文帝廟廷，並在首陽山專門爲他立廟。廟成不久，被大火燒毀。爾朱家族掌權後，公爲貪淫，生殺自恣，隨意封爵。爾朱世隆把持朝廷，一家人盡爲貪暴，如同虎狼。由此，魏國境內上下對身爲契胡種族的爾朱氏恨得咬牙切齒，但因其勢力強盛不敢違抗。

五三三年初，高歡預測到爾朱兆會在年首召開部落會議大宴賓客，先派都督竇泰以精騎馳奔，一日一夜行三百里，高歡自以大軍隨後，直殺秀容郡。竇泰精兵出現在爾朱兆的家外面，守衛軍士忽見高歡軍隊，一時間驚跑迸散，不是被殺就是投降。爾朱兆逃到荒山老林裏面，窮迫無路，自己在樹上套根帶子上吊縊死。

高歡，字賀六渾，渤海蓨人（今河北景縣）。六世祖高隱曾爲晉朝的太守。後來的三位先祖又仕慕容氏燕國，他曾祖父高湖在慕容寶亡國時降附魏朝。他爺爺高謐官至魏朝侍御史，因犯法被流放到懷朔鎮。他父親高樹生又是個遊手好閒的浪蕩子弟，高歡的少年時代確實是「在極其艱苦的環境中成長的」。

講起高歡，必須先講北魏末年的六鎮起義。六鎮是沿長城而築的六個軍鎮，魏朝早期對邊將待遇不錯。孝文帝南遷洛陽後，快速漢化，王公朝士多以清流自居，六鎮兵民不僅被邊緣化，還受到朝貴的鄙視和輕蔑，從前以軍功得官的機會再也沒有了，變成像南朝那樣以門第、才學取人。

魏孝明帝正光四年（五二三），柔然南侵，懷荒鎮兵民無糧可食，請示鎮將開倉放糧，吃飽肚子好打仗，鎮將不准許。兵民忍無可忍，聚眾殺鎮將起義，一時間六鎮大亂。最後，這些起義、叛亂皆爲魏朝權臣爾朱榮的勢力所鎮壓。高歡就是被俘後得到爾朱榮的信任，並被提拔爲爾朱榮的衛隊長（親衛都督）。

後來，有心計的高歡帶領六鎮兵士反叛，與爾朱兆死戰。爾朱兆軍大敗，爾朱家族四散奔逃。本來就首鼠兩端的大都督斛斯椿等人搶先一步回到洛陽，盡殺留守的爾朱氏黨羽。爾朱世隆、爾朱度律、爾朱天光相繼被俘斬。爲爾朱氏所立的節閔帝派人慰勞高歡，高歡就把節閔帝幽禁在寺廟中。

高歡挑來揀去，選中平陽王元修。當時元修正躲藏在和他關係不錯的散騎侍郎王思政那裏，突然見到王思政帶高歡屬下人馬找他，嚇得面無人色。元修被四百騎兵擁夾在中間，到高歡大帳中才知道不是要殺他，而是要立他爲帝。安定王手寫的禪位表已經遞到他手中，於是簽字同意。元修成爲皇帝，是爲北魏孝武帝。

五月，魏朝鴆殺節閔帝（時年三十五），又殺曾經為帝的安定王元朗、東海王元曄業。可憐這些龍子龍孫，完全成為武將權臣們手中的「物」，想用就用，用完後就扔掉殺了省心。不久，又殺孝武帝的叔父汝南王元悅，因為他「位屬逼迫」，大有當皇帝的可能。魏朝孝武帝納高歡女兒為皇后，高歡成為國丈。

轉年，爾朱家族最後一個漏網之魚爾朱兆在秀容兵敗，被逼自縊。爾朱氏最後一個釘子被拔掉。爾朱兆大將慕容紹宗攜爾朱兆妻子及餘眾歸降，高歡以其忠義，待其甚厚。他深知「各為其主」的道理，並未因從前慕容紹宗向爾朱兆進言要殺自己而計前嫌。

原屬節閔帝臣下的斛斯椿見到高歡勢力強大，心中很不服氣，就勸說孝武帝除掉高歡。高歡的死黨魏朝司空高乾，見到孝武帝增加武衛，又屢屢交結外臣賀拔嶽等人，知道事變即將發生，暗中勸高歡準備。高歡把高乾召至並州面議，高乾就勸高歡自立為帝。

孝武帝下詔宣示高歡的罪惡，兩人從此公開決裂。雙方各自派兵。兩軍未交鋒，孝武帝一方已有賈顯智、田怙等人暗中約降，高歡很快就率軍渡河。魏孝武帝又驚又急，慌忙出逃。孝武帝一路饑渴困頓，缺糧少食，最後在長安東陽驛遇見率兵迎駕的宇文泰。

高歡自晉陽發兵以來，給皇帝上了四十多封奏表，都沒有答覆。他還親自率兵追趕孝武帝，目的是把皇帝追回以掩飾自己逐君出逃的過錯，但最終也沒有實現此願。無奈，高歡回洛陽後，立清河王世子元善見爲帝，是爲孝靜帝，時年十一。從此，魏朝分裂爲東魏和西魏。

魏孝武帝也命苦，才出虎穴，又入狼口。因宇文泰慫勇西魏元姓諸王壞他亂倫好事，孝武帝恨恨不平，言語之間也掩飾不住對宇文泰的恨意。宇文泰在皇帝身邊耳目甚多，聞此也做事乾脆，派人把毒藥放進孝武帝的酒裏，毒死了這位很有主見的皇帝，時年二十五歲。隨之，他立平原公主的親哥哥元寶炬爲帝。

高歡換掉皇帝後，又覺洛陽西近西魏，南近梁國，就決定遷都鄴城。命令下達後，三日即行，四十萬戶民眾狼狽就道。又任命司馬子如爲尚書左僕射，高隆之爲右僕射，高嶽爲侍中，孫騰留守鄴城，共執朝政。

高歡屬下以鮮卑將領爲主，都輕蔑漢人，唯獨懼怕高敖曹。高歡深知屬下鮮卑士兵與漢人之間的矛盾。他左右逢源，對鮮卑人講：「漢人是你們的奴僕，讓你們溫飽無憂，爲什麼還要欺凌他們呢？」又對統下漢人講：「鮮卑人是你們雇傭的兵客，爲你們防盜擊賊，能保你們安寧度日，幹嘛那麼恨他們呢？」

五三七年，高歡自己帶兵二十萬自壺口出發趕往蒲津。第二次東西魏大戰（河苑之戰）開始。此戰下來，高歡喪甲士八萬人，丟棄鎧仗十八萬。高敖曹聞聽敗聞，也從桓農撤圍，退保洛陽。西魏宇文泰經此一勝，兵精糧足，皆大歡喜。隔年，高歡大將侯景從宇文泰手中重新奪回洛陽金墉城，燒毀洛陽大量民居官寺。

高敖曹心氣高傲，一直看不起宇文泰，命左右大將持寫有官名將名的旌旗和顯示貴重的傘蓋，跨馬臨陣。西魏軍調動最精銳的軍隊圍攻高敖曹，致使其全軍盡沒，大英雄最後單騎跑往河陽南城。恰巧守將是高歡的一個堂叔高永樂，素與高敖曹有過結，關閉城門不讓高敖曹進城。

大英雄此刻龍臥淺灘，仰呼城上求繩，沒人應答；他又拔刀猛砍城門，想劈出個洞來逃入城中。城門堅厚，砍了許久也砍不開。西魏大隊追兵趕到，高敖曹知道性命不保，轉身昂頭迎前。斬去高敖曹頭顱的兵士回到西魏後，獲賞絹萬段，每年按量發給，直至宇文泰創立的周朝滅亡，賞絹還沒有給完。

高歡得知高敖曹死訊，如喪肝膽，把高永樂打了二百軍棍，追贈高敖曹爲太師、大司馬、太尉。此次河橋大戰，兩魏軍陣極大，首尾懸遠，從早到晚，交戰數十回合，氣霧四塞，形勢萬變，團團相殺，誰也不知道誰勝誰負。西魏獨孤信、趙貴等人交戰不利，混亂中又不知宇文泰和西魏文帝的消息，都棄軍先歸。

文人出身的王思政下馬，手持長矛左刺右刺，一刺就擊倒數人。由於陷陣太深，從者皆死，他自己也因重創昏絕，由於天黑敵軍收兵，才未被砍頭。王思政每次打仗時都穿破衣爛甲，敵軍不知他的將帥身分，所以首級未被割去。不久，他的下屬在屍體堆中找到他，扶他上馬回營。

平東將軍蔡佑下馬步戰，左右勸他乘馬以便逃跑，他大怒道：「宇文泰丞相愛我如子，今天怎麼能怕死呢？」帶領十幾個士兵齊聲大呼，進擊東魏兵，殺傷甚眾。東魏兵把他團團包圍十餘重，又懼其勇武都不敢近前。蔡佑彎弓持滿，四面轉指箭鋒。包圍他們的東魏兵膽怯散開，杜佑最終得與左右還營。

西元五四三年，兩魏第四次大戰（邙山大戰）揭開序幕。此次戰爭的導火線是由於高敖曹的哥哥高仲密以北豫州投降西魏引起。而更深入的原因，則是由於高歡的兒子高澄貪色引發。高澄十四歲時，就因與其父的寵妾鄭大車通姦，差點被高歡殺掉，後來，高澄又看中了高仲密美麗的妻子李氏，高仲密怒而投降西魏。

宇文泰親率諸軍接應高仲密，高歡也親自將兵十萬，據邙山爲陣，兩軍相交，高歡大將彭樂以數千騎兵直衝入西魏北軍，所向皆潰，高歡派彭樂追擊宇文泰。宇文泰狼狽不堪，邊跑邊在馬上向彭樂哀求：「這不是彭樂將軍嗎？今天你殺掉我，明天你還有用嗎？幹嘛不馬上還營，把我丟下的金銀寶物一併取走呢？」

彭樂粗人，也覺此話有理，捨掉宇文泰，回至宇文泰丟棄的營中把一大袋金銀放在馬上奔回向高歡覆命。自從勾踐誅文仲，劉邦殺韓信，「兔死狗烹」一直是武人最害怕的事情，以後被唐、元、明等諸多武將奉爲長策，時不時就縱「匪」漏網，這樣天下有事，才保武人位重權尊，更免鳥盡弓藏之禍。

彭樂馬後懸著大包小包回見高歡，張著大嘴報告：「黑獺僥倖逃跑，已經嚇得破膽。」高歡既高興彭樂大勝，又極怒他放走宇文泰，命彭樂趴在地上，親自上前抓住他的大腦袋猛往地面撞，咬牙切齒良久，手中刀舉了幾次要當場砍下彭樂腦袋，權衡再三，未忍下手。

一直爲宇文泰堅守恆農糧倉的王思政聽說西魏軍大敗的消息，不僅不逃，反而讓人大開城門，自己解衣躺在城樓上，慰勉將士，以激勵士卒，表示自己的膽略。幾天後，東魏兵殺到城下，見城門大開，又知道王思政的名聲，心中大怯，竟不戰逃走。諸葛亮的「空城計」乃演義所爲，王思政的「空城計」實爲正史所載。

東魏軍重新奪回北豫州和洛州，侯景俘獲高仲密妻兒送至鄴城。高澄打扮得漂漂亮亮，盛服去見將被處死的高仲密妻子李氏，問：「今日如何？」李氏默然，於是被高澄納爲妾侍。爲一女子之故，勳臣外叛，老父幾死，兩魏兵人死傷數十萬，高澄這一禍根當時竟無人敢於指摘。

後來的結局讓後人瞠目結舌。高澄日後被家奴刺死，其弟高洋篡魏自立，建立齊

國，後來被尊謚爲齊顯祖。高澄從高仲密處得來的李氏，入高澄母親婁太后宮中爲女官（官名昌儀）。齊顯祖高洋死後，仁弱的太子高殷繼位。不久，高演廢侄子高殷自立（次年派人扼殺高殷）。

高演僅當了兩年皇帝，因打獵馬驚墜地傷肋而死，傳位給親弟高湛。高湛繼位後酗酒淫虐，把高澄、高洋、高演的幾個皇后姦淫殆遍（都是其親嫂），又鴆殺高澄長子河南王高孝瑜，把高澄的三子高孝琬折斷大腿殺死。待日後高湛的兒子高緯即位，又毒殺高澄第四子蘭陵王高長恭。齊國滅亡就亡在這位齊後主手裏。

三年後，即西元五四六年，東西魏第五次大戰——玉壁之戰爆發。當年十月，年過五旬的高歡又率大軍十萬圍攻西魏位於汾河下游的重要據點玉壁（今山西稷縣）。西魏守將韋孝寬守城。東魏苦攻玉壁五十多天，戰死病死七萬多人。高歡憂憤發病，一臥不起。一天夜裏，有大星墜於營中，高歡驚懼，解圍而走。

歸途中，軍中訛傳韋孝寬大弩射殺高丞相，西魏聞知此消息，又派大軍四處高喊：「勁弩一發，凶身自殞。」爲使軍心不致搖盪，高歡不顧病重之身，在露天大營召集諸將宴飲以示自己還活著，西元五四七年，正月朔日，恰巧日蝕。垂死的高歡嘆道：「日蝕爲了我嗎？死亦何恨？」

征戰一生的高歡又累又氣又病，死於家中，時年五十二。高歡死後，長子高澄獨擔魏朝大任，將篡未篡之時，被家奴刺死。次子高洋襲位，這位「內雖明敏、貌若不足」的醜陋男子一鳴驚人，很快廢掉東魏最後一位皇帝孝靜帝，建立齊國，史稱北齊。傳至後主高緯，竟爲宇文泰子孫所滅。

西元五〇一年，蕭衍因其兄蕭懿被齊東昏侯所殺，奮然興兵，開基立業，於西元五〇二年建立了梁朝。蕭衍三十八歲做皇帝，八十六歲餓死台城深宮，「自我得之，自我失之」，是中國歷史上罕有的帝王現象。雖然蕭衍死後，他的子孫輩分別有三任皇帝，但均是命祚短促，蕭察更是小城國主，西魏擁立的傀儡，都算不上數。

梁武帝繼位後，把「禪位」給自己的齊和帝封爲巴陵王。當時，齊國的宗室根本不用蕭衍動手消滅，因爲齊明帝和東昏侯已把齊高祖和齊武帝的子孫殺了個乾淨。這倒也省事了。

蕭衍稱帝前，就以齊和帝蕭寶融的名義先殺掉了湘東王蕭寶晊兄弟，後來又殺掉齊明帝剩餘的幾個兒子。由於他建國時正值壯年，用不著像劉裕和蕭道成兩個老頭子那樣有「日薄西山」的緊迫感，起先還真想把退位的少年齊和帝在南海郡養起來。他的高級謀士沈約缺德，勸他「不可慕虛名而受實禍」。

蕭衍就派親信鄭伯禽到姑孰，逼齊和帝吞服金子自殺。已經「禪位」的齊和帝雖

年少，風采不減帝王貴種，朗言說：「我死不需金，醇酒足矣。」鄭伯禽一看廢帝如此「配合」，也很高興，便弄來一大罈美酒。少年人神情怡然，大碗狂飲，沉醉不省人事。鄭伯禽果然是禽獸，上前掐死了這位十五歲的龍種。

南齊時代，蕭衍本人也是竟陵王蕭子良「西邸八友」之一，所以，他的文學修養確是大家。這幾個人的詩文開創南朝一代典範「永明體」，自是才高八斗之士。武功方面，蕭衍盛壯之年也是軍事天才，但其晚年，卻昏瞶怯懦，眼見侯景節節勝進，八十多歲的老翁魄神全失，已經不是昔日奮起襄陽的那個蕭衍了。

內政方面，蕭衍一方面下達種種詔令優顯士族高門，核實譜牒，嚴防冒襲；另一方面，他一直重用寒素出身的士人，無論是早期的范雲、沈約、徐勉，還是中後期的朱異、俞藥等人，就連率七千兵士橫行魏境的大將陳慶之，也是寒人出身。因此，在用人方面，爲帝早期的蕭衍應該是很有手腕的大政治家。

五二七年，梁將陳慶之在渦陽大敗魏軍。五二九年，陳慶之以送「魏王」元顥爲名，率七千人攻克洛陽。百餘年來，南兵能攻入洛陽，簡直是前所未聞之奇事。關鍵時刻，蕭衍猶疑，沒能派大軍繼續深入魏境接應，元顥被殺，陳慶之一個人逃回建康。蕭梁的巨大軍事勝利，真可謂曇花一現。

最初，高歡逼走北魏孝武帝後，北魏分裂爲東、西兩魏。爲了牽制西魏，東魏方面主動向梁朝示好，雙方互使不斷。但是，高歡死後，侯景叛東魏，蕭衍竟然對此人予以接納，不僅僅破壞了與東魏長期以來的「友好」關係，同時敲響了自己的喪鐘。

梁武帝晚年，「人人厭苦，家家思亂」，社會矛盾空前激烈。要命的是，梁武帝蕭衍還一直醉心佛事，是「佞佛」皇帝中最有名的一位代表人物。蕭衍爲佛寺變相斂財。南北對峙，敵人強盛，梁朝上下如此喜佛，如此崇尚玄虛，侈奢無度，下層人民輾轉溝壑，痛不欲生，整個國家可以說是從裏到外都爛透了。

趕巧加死催，這一年東魏權臣高歡病死，專制河南的東魏司徒侯景與高歡世子高澄有隙，心不自安，便擁兵叛亂，他首先向西魏稱藩。西魏當時由權臣宇文泰掌權，此人乃人中龍虎，自然是聰明之人，便空口封侯景爲太傅、河南道行台等虛官，按兵不動。眼見西魏既不派兵也不送糧，侯景就上書梁武帝請降。

侯景，字萬景，本是北魏懷朔鎮人，羯族。六鎮亂起之時，他和高歡先後去投附爾朱榮。雖然侯景與高歡是懷朔老鄉，但他與「契胡」種（也是羯族一支）的爾朱榮，應該從情感上更親近一些。所以，直到高歡後來滅掉爾朱兆，侯景才真心投附高歡。但高歡一直對侯景只有百分之五十的信任。

侯景貌不驚人，一腿長一腿短，半個殘疾人，可這小子謀略過人。高歡死後，高

澄秘不發喪，以高歡的名義寫信給侯景，召他返京述職。侯景發現信中沒有兩人約稱的特殊記號，因此知道來信召他回京，肯定是要削奪自己的威權，於是自然要乘勢造反。

侯景出兵屯據懸瓠，以避開西魏大將王思政帶來的那支西魏軍。王思政佔領了潁川。爲了平衡各方軍事力量，把西魏拖得更深，侯景又派人去西魏乞求援兵。宇文泰召侯景入朝長安。侯景是個人精，馬上意識到西魏要「惦記」自己。於是，他就鐵下心來與西魏撕破臉。

西魏的王思政文人武將，絕不是好騙的主兒。未等侯景有所舉動，他密召西魏諸將，部署嚴密，一下子分別派人佔據了原爲侯景所據的七州、十二鎮。侯景懼怒驚急，終於和宇文泰撕破臉皮，派人表示說：「吾恥與高澄爲伍，安能和老弟（宇文泰）同朝並肩！」不久，梁將羊鴉仁趕至懸瓠城，與侯景會合。

梁武帝太清元年（五四七）九月，梁朝正式下詔伐東魏，並派蕭衍的侄子貞陽侯蕭淵明和蕭衍的孫子蕭會理分督諸將。由於蕭會理「懦而無謀」，又總以直系王孫自居，與蕭淵明互相不服，被蕭淵明告狀到朱異那裏。不久，朝廷召回蕭會理，只以蕭淵明一個人爲統帥。

梁軍大隊人馬入居寒山（今江蘇徐州東南），依梁武帝蕭衍的吩咐攔水築堰，準備淹灌彭城（今江蘇徐州），本意想佔領彭城以與侯景成犄角相援之勢。梁將羊侃派人築堰二十天，大功告成，就勸蕭淵明乘水攻彭城。這位草包統帥不聽，聽憑被圍得鐵桶一樣的東魏守將王則在那裏「嬰城固守」。

侯景對東魏諸將非常瞭解，了如明鏡一般，根本不放在眼裏。慕容紹宗擁有十萬東魏兵。梁將羊侃勸蕭淵明乘其遠來兵疲，迎襲東魏兵。蕭淵明不從。轉天，羊侃勸蕭淵明悉眾出戰，又不聽。這個草包統帥也真不知道他怎麼想，估計他是盼天上打雷把東魏兵都擊死，自己再派人割首報功。可這也只能是癡人說夢罷了。

大敗徬徨之餘，侯景進退失據，估計再多幾天，這瘸哥們也就該用褲腰帶把自己吊死在哪棵樹上了。天不亡曹。梁朝起先任鄱陽王蕭範為南豫州刺史，蕭範偷懶磨蹭，一直遲遲未至。梁朝當地有個戍壘小校劉神茂，聽聞侯景敗逃至此，便翻蹄亮掌前去迎侯，勸侯景趁間佔據壽陽（今安徽壽縣）以為遠圖。

韋黯不想接納侯景，劉神茂派老友徐思玉連勸帶嚇唬，說：「侯景是朝廷客人，你不接納，這位御封的河南王被殺城外，你吃不了兜著走！」韋黯害怕，忙出城迎接侯景。侯景倒乾脆，入城就派自己人分守四門，拿下韋黯，不費一兵一卒，侯景就把堅城壽陽騙到手。

梁廷接到侯景敗訊後，起初還不知他的死活，「咸以為憂」。侯景又派人索求軍

需物資，朝廷照發不誤。梁武帝如此「善待」侯景，只能說明老邁昏庸、信任佞臣，人算不如天算，蕭梁禍起蕭牆，國內矛盾激烈，梁武帝均一無所知，而後連鎖反應，五十年繁華江左，就這樣毀在一個羯族跛子手裏。

東魏高澄收復舊地後，多次表示要與梁朝恢復昔日「友好」關係。朝廷不答應。於是高澄找來俘虜後，一直好吃好喝養著的蕭衍侄子蕭淵明，表示說如果兩國重修舊好，蕭淵明等被俘諸人以及侯景家屬會得以遣返回梁朝。蕭淵明當然幫忙，馬上給叔父梁武帝寫信，轉達高澄的意思，並告知自己在東魏一直獲得優待。

梁武帝得信，心疼得掉淚。老頭子真是婦人之仁，這麼一個不爭氣的侄子，損兵折將十來萬，死有餘辜，竟還有臉來信。侯景在壽陽，恰好把梁朝回報東魏的使臣截個正著，獲悉全部實情。侯景寫信給梁武帝，強烈反對與東魏言和，並「語重心長」地表述高澄內外交逼，偶然取勝，不足以與其通和。

在謀士王偉等人攛掇下，侯景摩拳擦掌，準備造反。侯景不停地向中央政府索要軍糧、軍服、鑄造武器的鍛匠。其屬下官吏因懼禍逃回建康，把侯景準備造反的消息報告給梁武帝，梁廷也沒有任何表示和準備。得寸進尺的侯景更加貪婪，又上表要求娶王、謝大族之女爲妻。梁武帝答書，委婉拒絕了侯景的請求。

侯景得詔憤恨，不顧追兵在後，與左右猛攻小城，非把笑話他的人殺死後才走，其褊狹心理，可見一斑。

鄱陽王蕭範密啓朝廷，以確鑿證據證明侯景要反，並多次反覆上告，結果都被朱異壓住不准。侯景又密派人與駐軍淮上的梁將羊鴉仁一起造反，羊鴉仁逮捕其使人，連人帶信押送建康。「敕以使者赴建康獄，俄解遣之」。可見蕭衍昏庸，已至其極，真不知他當時是如何想的。

事已至此，侯景完全放開，變成一副潑皮無賴相，上奏梁武帝，要梁廷殺掉羊鴉仁。同時，他又指斥梁廷與東魏講和，讓他自己沒面子，威脅說如果不割江西一塊地給他屯兵，他就要給朝廷不好看。侯景這完全是造反的架勢，依理，梁武帝應「勃然大怒」才對。估計老頭佛經讀得太多，反而讓人對侯景表示抱歉。

侯景一直尋找叛亂後自己在梁朝的內應，尋來找去，最後看中臨賀王蕭正德。蕭正德是蕭衍六弟蕭宏的第三子，蕭衍義子，一個賣國小人。蕭衍稱帝後，蕭正德覺得自己可爲皇太子。沒高興多久，蕭衍自己生子，立蕭統（昭明太子）爲儲君，封蕭正德爲西豐侯。蕭正德憤恨叛國投東魏。魏人待薄，轉年又逃回梁朝。

梁武帝太清三年九月，侯景正式在壽陽造反。由於當時朱異等人「皆以奸佞驕貪，蔽主弄權，爲時人所疾」，所以侯景就託辭以誅殺朱異等人爲名起兵。梁武帝聞侯景起兵，竟然笑了，說：「這瘸賊又能成什麼大事？待我用鞭子抽他一頓！」雖輕視侯景，梁廷仍舊遣將布兵，派兵討伐。

侯景叛軍聲東擊西，降譙城（今安徽滁縣），下曆陽（今安徽和縣）。曆陽太守莊鐵投降後，又向侯景獻上一條毒計。莊鐵這廝也太王八蛋了，食梁祿多年，降也就降了，竟還出此一劍封喉之策，要老東家性命。幸好莊鐵「所憂」，梁朝都官尚書老將軍羊侃早有所提防。

侯景渡江前，還怕採石有梁兵，恰巧換防採石的梁將誤期，原守將王質已率兵離去，侯景大喜，高叫「萬事大吉」！便馬上從橫江渡江，佔據採石。建康聽說侯景已渡江，內外一片驚駭。太子蕭綱親自指揮軍事。可悲可笑的是，梁廷仍命叛徒蕭正德屯兵朱雀門，與太子蕭綱的兩個兒子分守建康幾個關鍵城門。

建康城內，混亂異常。「公私混亂，無復次第」。軍士們毫無約束，爭相自己衝入武庫取兵甲，沒有任何紀律，幸虧羊侃老將鎮定自若，斬殺數人，方才稍稍穩住局勢。當時，自梁朝建立，已經有四十多年境內無事，整個建康城內，只有羊侃一個老將真正懂得布兵打仗。「（羊）侃膽力俱壯，太子深仗之」。

羊侃，字祖忻，泰山人，其祖其父在劉宋時因主將薛安都降魏，不得已仕於北魏，但私下時常勸子弟趁間返歸南朝正朔。羊侃任北魏泰山太守時，率軍反魏歸梁，與高歡等人的追兵苦戰，且戰且行，「一日一夜乃出魏境」。至邊境，其屬眾尚餘一萬多。由於知道兵士們的家屬在北，羊侃與眾人灑淚而別，可謂情深義厚。

侯景大軍進至朱雀桁南面（朱雀桁是秦淮河上一座有名的大浮橋）。侯景軍衝殺而至，大才子庾信如此危急時刻，還有閒情在軍營中吃甘蔗，聽見外面喧鬧陣陣，他怎麼也沒料到敵軍會猝然殺至。此公正啃甘蔗皮，忽然數箭飛射至營內，庾大才子嗷的一聲跳起，棄軍而逃。

蕭正德死黨沈子睦勤快，馬上找到一隻船，叮叮噹噹一陣修補，又把朱雀桁穩穩支撐住，帶領侯景賊軍衝殺過河。蕭正德大開宣陽門，在張侯橋上率眾迎接侯景。二人見面，心照不宣，馬上交揖，然後立刻合兵，一下子就攻克了建康外城。駐守石頭城的西豐公蕭大春棄城奔京口，駐守白下的謝禧和元貞也棄城逃跑。

侯景列兵於台城四周。賊兵多投火炬，想燒掉幾個城門進攻。羊侃等人率眾死戰，他親自從門洞中往外死捅賊兵，又以桶水滅火，方才保得台城暫時躲過一劫。見台城一時拿不下，侯景便派兵士縱火，很多外城建築悉數焚毀。同時，為了「鼓舞」士氣，侯景把數百名東宮女官賞賜給將士，任其輪流姦淫取樂。

休息過後，侯景軍士作木驢車攻城，守軍於城頭投大石砸退了賊兵。此計不成，侯景又作尖頂木驢，受力點小，石頭砸不破。羊侃便派人多持雉尾炬，浸滿麻油，從城上投於木驢之上，藏在木驢中的賊兵一下都被燒成灰炭。侯景又作登城高車，均高十多丈，派軍卒攜弩箭於上，想憑高射殺城頭守兵。

朱異等人見侯景小挫，矬人生威，要派兵出擊。羊侃反對：「今出人若少，不足破敵，徒挫銳氣；出人若多，一旦失利，門隘橋小，兵退時必然導致大量傷亡。」朱異逞能，不聽，指揮千餘人出戰。可悲的是，未及交鋒，梁兵扭頭就跑，爭橋擁擠，掉落下水，淹死了七八百人。

侯景知道羊侃是指揮守城的重將，恰巧逮住其子羊耽，便派人押至城下，羊侃於城頭大喊：「我傾宗報主，猶恨不足，豈惜一子！」賊兵過幾天又押著羊耽於城下進行「攻心戰」。羊侃立於城頭，望著兒子恨恨言道：「還以爲你早死了呢，怎麼還活著！」言畢引弓射之。侯景賊頭，也嘆羊侃忠義，沒有殺掉羊小夥。

曾出主意勸侯景「速趨建康」的梁朝叛徒莊鐵見勢不妙，怕夜長夢多侯景會失敗，謊稱回曆陽迎母，馳至曆陽，騙告侯景留在當地的兩個守將說侯景已經被殺。兩個賊將慌忙棄曆陽奔壽陽。莊鐵入城也不敢守，載上母親遠奔尋陽。亂世之時，這些陰險小人見勢不妙，馬上尋伺保命之機，反而時時能脫禍爲福。

西元五四八年十二月，侯景把蕭正德推上帝位扯大旗做虎皮，改元正平。蕭正德稱帝後，立世子蕭見理爲皇太子，又把自己如花似玉的女兒嫁給侯景做妾，並傾盡家裏金銀財寶，厚賞賊軍將士。蕭見理雖貴爲「皇太子」，日後卻與群盜在浮橋邊上劫掠財物中流矢而死。

侯景確實是個腦筋靈活的大奸人。他下令，凡梁朝軍民爲奴客歸降者，一概免爲良民。朱異有個家奴出逃，侯景馬上封他儀同三司，並把朱異在建康的家產全部賞賜給他。這個奴才親至城下宣教，大罵：「朱老王八，你伺候皇帝五十年，才得一中領軍官職，我剛剛投靠侯王爺，已被封爲儀同！」榜樣的力量是無窮的。

原先奉命出擊侯景的邵陵王蕭倫聽說侯景已渡採石進圍台城，忙回軍京口，自京口西上。侯景聞訊，忙調軍迎擊。雙方初戰，侯景大敗。但是，蕭倫沒有抓住時機，與侯景對陣不攻。侯景佯退，梁朝安南侯蕭駿以爲有機可乘，忙率壯士追擊，不料侯景忽然止步反擊，蕭駿不支敗走，梁軍大潰，多名宗室、將領被擒。

梁朝擔任守城真正總指揮的羊侃因勞累過度，病亡於台城之內，死年才五十四歲。這真是梁朝的不幸。羊侃勇力絕人，又「性寬厚，有氣局」，下屬因醉失火，燒掉他七十多艘大船的寶貨，羊侃聞之，毫不在意。惹禍人懼事逃走，羊侃召還不問，待之如初。可惜的是，豪俊之人，壯志未酬而死。

羊侃武將剛死，身爲文臣之首的朱異也憂懼而死，時年六十七。老壞蛋榮華富貴三十多年，竟也善終於家。雖然眾人皆怨朱異，梁武帝卻十分痛悼，特贈尚書右僕射。朱異活著逃過大劫，其子孫則均慘死於日後的城陷殺戮之中。這也正是好人不長

命，禍害活千年的真實寫照吧。

內外相持，延至三月份，台城內軍民日趨絕望。被困日久，台城內衆人只能把尚書省全部拆毀，又拆掉各種席墊，剉碎乾草飼餵馬匹。草料用光，只能以米飯餵馬。軍士勞苦，沒有下飯的吃食，只能煮鎧甲、燒鼠屍、捕飛鳥來填肚子。最後，軍人紛紛在禁宮內外台省之間宰馬爲食，雜以死人肉，「食者必病」。

台城軍民如此，侯景日子也不太好過。同時聽聞荊州勤王兵馬也要趕至，謀士王偉給侯景出主意假裝求和，伺敵懈怠，突然襲擊。侯景爲難，以爲他已經把梁廷君臣一騙再騙，現在求和，對方又不是弱智，肯定不會同意。但事已至此，死馬當活馬醫，怎麼也得試上一試。

侯景求和使臣入見，梁武帝老頭子大怒不允，但太子蕭綱竟然一口答應。天亡梁朝，使得這些高智商的帝子龍孫的腦子裏堵成了一團粥。梁廷不僅允許求和，還令太子之子蕭大款以侍中身分入侯景營爲信質。

講和已畢，侯景軍隊一點要撤的意思也沒有，長圍仍舊，賊兵趁間休整鎧杖，放鬆筋骨。梁廷責讓，侯景一會推說「沒船無法撤圍」，一會又推說「怕南軍躡後追擊」，並遣回蕭大款，要求換宣城王爲人質掩護賊軍出走。侯景一直玩「逗你玩」的遊戲，還真玩上了癮。

他爲拖延撤兵提出的所有要求，太子答應爽快得讓侯景都覺得不好意思。最後，實在找不出不撤走的理由，侯景又說永安侯蕭確和直閤將軍趙威罵他，要皇上召回二人，再解圍。至此，稍微有點腦細胞的人，都會認爲侯景在胡攪蠻纏。孰料，如此荒謬絕倫的「要求」，竟然獲梁廷同意。

可憐之人，必有可恨之處。正是梁武帝父子的柔仁「好心」，使得侯景能從容把東府糧米皆運入石頭城。同時，聞知心懷鬼胎的湘東王蕭繹又在西峽口屯兵不進，王偉便勸侯景立刻背盟進兵。蕭正德想做「真皇帝」，也攛掇侯景：「大功垂就，豈可棄去！」侯景哈哈大笑，兩人和他想得完全一樣。

爲了有理有利有節，侯景進攻前，王偉又爲他寫檄文，除述梁武帝「十失」，一一數罪，最後，又爲梁武帝一生的統治「定性」。洋洋長文，文采華章，把蕭衍家事國政罵得一無是處，且字字中的，大致無虛。梁武帝覽文，「且慚且怒」。於是，梁廷又舉行告天儀式，責侯景違盟。此時還搞這一套，屁用不管。

南康王蕭會理與羊鴉仁、趙伯超進軍於東府城北，相約夜間渡河突擊侯景。不知何故，羊鴉仁一軍至曉未至，侯景發覺梁軍異動，主動派宋子仙出擊。梁軍剛立陣，趙伯超又依往常一樣，未戰先逃（**寒山大敗、玄武湖大敗均因此人先遁而導致軍潰**），蕭會理單軍不支，大敗，被殺及捽入河中淹死的梁軍有五千多人。

三月中旬，侯景掘開玄武湖水灌城，又命軍士百道攻城，晝夜不息。屯守太陽門的主將是邵陵王世子蕭堅。這是個書法愛好者，沒什麼統軍管理能力。擔任守門如此要務，這哥們天天賭博飲酒、玩樂一點兒也不耽誤。關鍵時刻關鍵地點，蕭堅的兩個書吏夜間於城西北樓用繩子吊侯景賊兵入城，上城先把蕭堅剁成數段。

武帝父子都在自己手裏，自然挾天子以令諸侯，侯景遊刃有餘，處理「得當」。梁武帝此時作爲皇宮內一個囚徒，心甚不平。臨老臨敗，蕭衍暴倔脾氣忽然上來，多次拒絕在侯景對內外官員的任用書上用璽畫押。侯景惱怒，逐漸斷絕武帝的飲食。

西元五四九年陰曆五月丙辰，老皇帝躺在淨居殿，多病口苦，想喝口蜜水，無人答應，悽惶之下，連叫兩聲「呵呵」，崩殂，時年八十六。「呵呵」之聲，後人有不少解釋，有說衝殺之聲，有說憤恨吶喊，有說臨終冷笑，其實老爺子臨死兩聲叫喚沒有多大意思，就是想吃口甜東西，不能滿足，哀嘆叫喚而已。

自魏晉之後，如果皇帝及士大夫崇信沉溺老莊、佛教、法家任何一教，對於其統治肯定會造成巨大的危害。身爲帝王，自己一個人做「苦行僧」是沒有用的，統治集團整個都靡爛腐化，尤其是武帝中晚年，寵任奸人，佞佛勞民，賞罰無章，最終使億民塗炭，社稷成灰，可悲可嘆！

武帝死後近一個月，侯景才允許發喪。太子蕭綱繼「皇帝」位，是爲梁朝簡文帝。「侯景出屯朝堂，分兵守衛。」先前密迎侯景的臨賀王蕭正德本來和侯景約定，台城攻破後，他親自率兵入宮殺掉叔叔蕭衍和堂弟蕭綱。現在，侯景食言，一入城就廢自己為大司馬；武帝死後，侯景又立蕭綱為帝。

侯景愛惜勇將，入城之後，常讓永安侯蕭確跟從於自己左右四處巡逛。蕭倫秘密使人召兒子趁機逃出建康，數日後，侯景率眾人去鍾山遊獵為樂，蕭確引弓假裝要射鳥，忽然掉轉箭頭對準侯大賊頭。估計是國恨家仇一湧而上，美少年用力過度，竟然拉斷弓弦，矢落於地。侯景從人發覺，爭前擊殺，蕭確功虧一簣。

西元五四九年八月，梁朝西江督陳霸先襲殺本欲投附侯景的廣州刺史元景仲，迎梁朝宗室定曲侯蕭勃作廣州刺史。南朝最後一個朝代的開國者粉墨登場。一直擁眾兵坐視建康失守的湘東王蕭繹仍舊沒有下決心真正討伐侯景。他因自己的世子蕭方被侄子河東王蕭譽襲殺，命手下攻打湘州的河東王蕭譽。

蕭方雖為蕭繹世子，全然不受父王寵愛。蕭方的生母是蕭繹正妃徐昭佩。這位徐妃「醜而凶妒」，不僅沒有大家閨秀的氣質，本性還極其淫蕩。蕭繹兩三年才和徐妃過一次性生活，每次都趕上這位嗜酒的徐妃大醉，均把穢物吐蕭繹一身。同時，徐妃妒悍異常，還特愛給蕭繹戴綠帽子。

中年之後，徐妃性欲大增，天天讓暨季江入內「伺候」，故而這位「美姿容」的

爺們慨嘆：「柏直狗，雖老猶能獵；蕭溧陽馬，雖老猶駿；徐娘雖老，猶尚多情！」這就是「徐娘半老」典故的由來。徐妃雖醜，卻看不起蕭繹。這位王爺又瞎一目，每次知道老公來，徐妃便「爲半面妝以待」，氣走他後便與小夥子通姦。

後來，蕭繹寵姬王氏又生下蕭方諸，不久暴死，蕭繹認爲是徐妃所害，更加憤怒。蕭方死後，蕭繹更見不得這位老醜徐娘，不久逼令她自殺。無奈，徐妃跳井而死。人都死了，蕭繹又還其屍於徐家，表示自己是「出妻」，他還自寫徐妃穢行，到處張貼。

梁朝邵陵王蕭倫見自己的六哥蕭繹和侄子蕭譽窩裏鬥，非常悲憤，寫信給蕭繹進行勸解。蕭繹不從，指斥蕭譽引西魏軍入梁地，發誓要消滅這個侄子。蕭倫見書流淚，嘆道：「天下之事，一至於斯，湘州若敗（蕭譽），我亡無日矣！」確實，只要蕭繹幹掉蕭譽，下一個肯定要幹掉蕭倫。

西元五五〇年五月，王僧辯與鮑泉果然攻克長沙，抓住河東王蕭譽，就地斬殺，傳首江陵。蕭繹驗畢侄子人頭，非常高興。蕭繹、蕭譽等梁朝宗室自相殘害，侯景卻不閒著。其屬下賊將連克吳興、會稽、信安等地，盡取三吳之地；東魏襲取司州，盡有淮南之地；西魏楊忠在安陸大敗柳仲禮並俘其眾，盡有漢東之地。

始興太守陳霸先交結郡中豪傑，率數千人欲出大庾嶺討伐侯景。廣州刺史蕭勃又是一個白眼狼，遣人止之，並派南康土豪蔡路養等人在半路遏阻陳霸先。西元五五○年二月，軍至大庾嶺，蔡路養將兵兩萬堵住陳霸先去路，陳霸先打敗阻軍，進至南康，向蕭繹上表臣服。蕭繹高興，立即上封陳霸先爲明威將軍、交州刺史。

西元五五○年四月，侯景納簡文帝年僅十四的女兒溧陽公主爲妻，「甚愛之」。一高興，他把簡文帝也叫到玄武湖南的樂遊苑，大會群臣，暢飲三日。五月，侯景又請老丈人「臨幸」西州，耳聽絲竹聲聲，簡文帝悲從中來，泫然泣下，一是感嘆父皇驚崩，二是想起自己的高級囚徒身分。

喝得爛醉時，簡文帝一把把侯景摟在懷裏抱於御床，口裏直喊：「我一直念丞相的好呀！」侯景也反抱老丈人，說：「陛下如果不念我的好，臣怎能在這裏？」兩個大男人抱頭交泣，親熱得不行。

湘東王蕭繹直到屬下軍隊在王僧辯統領下攻克長沙，才開始爲其父梁武帝發喪。同時，他不肯承認其兄蕭綱的皇帝位號，對外猶稱太清年號。至此，蕭繹終於決定大舉討伐侯景，並移檄遠近，大造聲勢。一直坐鎮巴蜀之地的蕭繹八弟武陵王蕭紀此時蠢蠢欲動，「響應」六哥號召。

邵陵王蕭倫大修鎧仗，準備響應討伐侯景的號召，蕭繹派王僧辯等人以拒賊將任約爲名，實阻遏蕭倫。在鸚鵡洲兩軍相遇，蕭倫屬下將士爭請出戰，蕭倫不忍心與六

哥自相殘殺，乘船逃走，郢州爲王僧辯佔據。逃跑途中，蕭倫又被「友軍」裴之高搶掠一空。無奈之下，蕭倫遣使向北齊請和，北齊也封蕭倫爲「梁王」。

西魏方面，挑來撿去，覺得梁朝岳陽王蕭詧最可靠，宇文泰便派使臣冊命蕭詧爲梁王，正式成爲西魏的附庸，「始建台，置百官」。爲了向新主子示好，「梁王」蕭詧親自往長安朝見西魏帝（其實就是宇文泰）。可惜錦繡江南，自侯景亂起，百姓流亡，廣受屠害。

鎮兵出身的侯景本性殘暴，他在石頭城內放置一個大石碓，凡有他認爲「犯法」的人，皆扔入石碓內，用鐵杵慢慢搗成肉醬。平時，他常常告誡諸將：「破柵平城，一定要盡殺其人，以使天下知道我的威名。」由此，諸賊將攻城陷地後，焚掠一空，殺人如草芥。也正是由於侯景賊軍的殘暴，「百姓雖死，終不附之」。

侯景賊將于慶進攻豫章，守城的梁將侯瑱抵擋一陣，力屈不敵，便開城投降。被押送建康後，侯景認爲侯瑱和他同姓，「待之甚厚，留其妻子及弟爲質」，任命侯瑱爲湘州刺史，派他和賊將于慶一起外出略地。這侯景也真沒文化，他本是羯族，侯瑱是漢族，甭說五百年前，五千年前也不是一家人。

眼瞅著屬下諸將節節順利，侯景一高興，自己派人寫詔，封自己爲「宇宙大將軍、都督六合諸軍事」。詔書送至簡文帝處蓋璽畫押，嚇了這位囚徒皇帝一大跳：

「將軍乃有宇宙之號乎？」

梁武帝的孫子南康王蕭會理與在京城的柳敬禮、西鄉侯蕭勸等人秘謀舉事，想起兵誅殺侯景首席軍師王偉。被侯景勒死的、一直想當皇帝的臨賀王蕭正德的侄子蕭賁得知宗室密謀反侯景，立刻跑到王偉處告密。王偉馬上派重兵逮捕了蕭會理、柳敬禮諸人，加以斬首。事起倉猝，蕭義理也在奔亡途中被左右殺掉。

蕭會理、蕭義理兩兄弟皆梁宗室青年才俊，死年皆二十出頭。柳敬禮是見死不救的柳仲禮的親弟，侯景、柳仲禮兩人飲酒，柳敬禮一直給大哥使眼色讓他動手，但這位大都督怯懦生悔。柳敬禮再謀不成，終於遇害。至於告密的宗室蕭賁等人，侯景「賜」這幾個王八蛋也姓侯。天大的笑話，堂堂蕭家皇種，竟從賊姓。

西元五五一年四月，賊將任約進攻失利，向建康告急，侯景自己率軍西上。臨行，他把太子蕭大器作爲人質與自己同行，派王偉留守建康。侯景這回出軍，開陣就不利。西陽一役，梁將徐文盛打得侯景敗遁，賊將庫狄式和也被梁軍射殺。侯景雖敗，並不慌亂，聽聞江夏空虛，便使賊將任約、宋子仙率精騎四百偷襲。

湘東王蕭繹的愛子，是江夏的郢州刺史蕭方諸，才十五歲，典型的官二代，神奇少年。蕭方諸完全是個無賴少年，天天飲酒賭博。賊軍入城時，蕭方諸正坐在鮑泉肚子上，用五彩線繞鮑泉的鬍子給他「紮小辮」。聽見外面賊兵叫喊，鮑泉竄入床下，

賊將宋子仙彎腰看見一個五彩大鬍子的傢伙，嚇一大跳，以爲是妖怪。

雖取江夏，侯景喪鐘已經響起，湘東王蕭繹聞知愛子被擒，比親爹武帝死要急多了，悲痛之下，他派重兵迎擊侯景。這就爲侯景敲響了喪鐘，讓江夏之勝成爲他一生運命中的「迴光返照」。侯景這邊，自我感覺特好，也分兵遣將。相持數日，賊兵軍糧吃盡，疾疫四起，營中病死的倒比城下被打死的還多。

兵敗加氣急敗壞，侯景忙著逃走沒怎麼樣。倒是鎮守江夏的賊將丁和洩憤，把蕭繹兒子蕭方諸和鮑泉諸人押至江邊，用大石頭活活砸死。這位蕭方諸雖只是十五歲的少年，調皮搗蛋，但自幼聰智博學。至此，還沒當上皇帝，蕭繹已經損失了兩個兒子。

侯景跑還建康後，陸續收到諸將的敗訊。不久，又得知先前投降的侯瑱又「反叛」，心情不好，侯景天天大灌老酒，摟著溧陽公主在溫柔鄉中纏綿，過一天是一天。王偉爲自己的前程考慮，也怕溧陽公主總吹枕頭風，便不時勸侯景殺掉簡文帝自立。巴陵敗歸，侯景爪牙多失，也「自恐不能久存，欲早登帝位」。

王偉出主意，「自古移鼎滅國，必先行廢立，既示我們威權，又絕梁朝民望」。侯景從之。他派人寫「禪位詔」，逼簡文帝簽字，迎立已故昭明太子的孫子豫章王蕭棟繼位。蕭棟一直被關押於建康某處小破房內，正與王妃一起從地裏挖野菜吃，虎狼之兵突至，二話不說，擁上法架，抬起就走。蕭棟還以爲要被拉去殺頭。

侯景又下令，把建康城內太子蕭大器、尋陽王蕭大心、西陽王蕭大鈞等二十多個龍子鳳孫全都殺掉，以除後患。自被幽執以來，太子蕭大器一直神色怡然，未嘗向賊人低聲下氣過。劊子手上前要用衣帶勒死太子，太子表示這東西殺不死人，命賊人取床上帳繩。賊人「聽話」，以繩把太子勒死，時年二十八。

在王偉攛掇下，侯景又準備殺掉簡文帝蕭綱。西元五五一年陰曆冬十月某夜，王偉與左衛將軍彭雋、王修三人帶酒去見被囚的簡文帝。簡文帝對三人來意心知肚明。蕭綱知道自己馬上要遭毒手，狂飲盡醉，醉倒後，作爲弒君主謀的王偉不想親自動手，讓大老粗彭雋搬來一隻二百多斤的大土袋子壓在蕭綱腦袋上。

五五一年年底，侯景也等不及了，給自己加「九錫」沒多久，就逼蕭棟「禪位」，自稱漢帝。蕭棟被廢後，與其兩個弟弟一同被幽禁於密室之中。王偉幫他立廟祭祀以前七輩的靈牌。侯景抓耳撓腮想了半天，說：「我只記得我爸名叫侯標……而且，他的遊魂遠在朔州，怎麼會大老遠來江南這裏吃冷豬肉？」

侯景當了「皇上」，一點也不快樂，這位「不滿七尺、眉目疏秀」的跛子不愛穿金掛銀著御服，他喜戴白紗帽，披青布袍，牙梳插髻，樸素得像個門人。「忠臣」王偉老大不高興，「諫勸」說帝王不可輕出，使得侯景極其鬱悶，成日埋怨：「他媽的我沒事當什麼皇帝，怎麼覺得跟做囚犯差不多！」

西元五五二年三月，湘東王蕭繹嚴命王僧辯等人東擊侯景。王僧辯軍隊一路皆捷，進至蕪湖，賊將張墨不戰棄城而逃，侯景聽報，嚇得魂不附體，下「詔」赦湘東王蕭繹等人「無罪」，結果聽到的都「笑場」了：殺了簡文帝，又廢了蕭棟，手裏沒了蕭家皇統的幌子，再「下詔」管屁用。

西元五五二年三月十九日，侯景率一萬多士兵，鐵騎八百餘匹於西州之西佈陣，準備與梁兵決戰。侯景豁出性命，自率百餘騎，棄槍執刀，左右突陣，與陳霸先做決死一鬥。陳霸先兵陣不動，賊眾大潰。侯景逃至台城，也不敢入宮，立於馬上，召王偉責罵：「你讓我當皇帝，今天真害死我了！」

侯景用皮袋裝盛他在江東生下的兩個小兒子，逃至嘉興，梁朝投降侯景的趙伯超見勢不好，又反叛侯景，嚇得侯景又回返吳郡。附近的侯瑱聞訊，咬牙切齒，提兵就追，在松江追上侯景。侯景多名親隨被生俘，包括那位用大土袋壓死簡文帝的彭儁。侯瑱綁起彭儁，親自用刀活剖其腹，生抽其腸，後斬落其頭。

逃亡中的侯景想不到兩個親信和大舅子會殺他，急得想跳河借「水遁」逃走，羊鵾當胸就是一刀。惶急之下，侯景又跑回船艙，用刀砍艙底，想掏洞泅水。羊鵾持長矛，從船表直捅下去，把侯景釘死在船上。由此，羊鵾也報了這大賊頭姦污其妹、污辱其父羊侃威名的大仇。不是不報，時候未到啊！

侯景死後，屍體分成好幾份，報捷的梁軍就用生鹽塞進侯景屍體肚子裏，運送建康。侯景屍體一入建康，倖存的士民立刻湧上，「爭取食之，並骨皆盡」。簡文帝女溧陽公主「亦欲食焉」，這位賊老公害祖害父害兄弟，又玷污了自己的清白玉體。但沒過多久，梁軍清算，溧陽公主也被抓送集市用大油鍋烹死。

侯景在江南折騰期間，高澄把他在東魏的五個兒子盡數抓起來，把他大兒子虐殺：先活剝其面皮，然後用大鍋小火溫油慢慢炸個焦脆，其餘四子才十歲不到，都下蠶室閹割洩憤。高洋當皇帝後，夢見獼猴，覺得兆頭不吉，於是這位北齊暴君就把侯景已經被割掉小雞雞的四個兒子從監獄裏提出來，用大鍋熱油烹死。

侯景，這位傑出的軍事家，不俗的陰謀家，久經考驗的常叛跛將，折騰五年多，叛東魏（北齊），亂梁朝，最終身死宗滅，可謂是惡貫滿盈，罪有應得。

湘東王蕭繹在梁武帝時的官職是荊州刺史、都督荊雍湘司郢寧梁南北秦九州諸軍事，手下兵多將廣，糧食、器械充足，侯景圍台城時，可以想像，蕭繹當時黑暗的心理，無外乎是希望台城早早被攻破，老爸和三哥早點兒被人殺掉，六哥邵陵王蕭倫又在日後被西魏軍殺掉，現在，侯景一滅，只有蕭繹有資格做皇帝了。

侯景亂平，眾臣勸了又勸，蕭繹終於登上了夢寐已久的帝座，於西元五五二年底在江陵稱帝，改元承聖，是爲梁元帝。雖稱皇帝，但蕭繹當下所統的地盤十分「拮据」。而且，稱帝初期，蕭繹因疑忌大將王琳，把他關押，激起王琳手下將領陸納的反叛，折騰了好幾個月，死了不少人馬。後來蕭繹釋放王琳，雙方才息兵。

早在五五二年五月，蕭繹的八弟益州刺史、武陵王蕭紀已經在蜀地稱帝，立其世子蕭圓照爲皇太子。九月，蕭紀舉兵由外水東下，也要爭奪平侯景後的「勝利果實」。聽聞八弟東下，蕭繹憤恨，讓方士畫蕭紀像，「親釘肢體以厭之」，想用迷信的方法詛咒八弟早死。

梁元帝蕭繹使出陰壞損招，攛掇西魏出兵端蕭紀的成都老窩。宇文泰聽說後，喜得合不攏嘴，忙遣尉遲迥派一萬多鐵騎伐蜀。蕭紀剛到巴郡，聽聞西魏來伐，忙分兵回救。由於大軍都由蕭紀自帶出去爭天下，其成都老巢只有少數弱兵把守。很快，尉遲迥的魏兵就把成都像包餃子一樣團團包圍。

蕭紀出蜀前，「以黃金一斤爲餅，餅百爲篋，至有百篋，銀五倍於金」，每次戰前，他都把這些金銀拿給將士看看，但從來不真正拿出來賞軍，財迷到失心瘋。其將陳智祖勸他出黃金招募勇士，蕭紀像割自己肉一樣捨不得，把陳智祖活活氣死。諸將要求見議事，蕭紀怕人找他要錢，稱疾不見，結果眾叛親離。

梁元帝承聖二年（五五三）八月，蕭繹手下任約、謝答仁率先攻敗蕭紀，得勝。蕭繹派樊猛追擊蕭紀，下死命令要八弟的腦袋。樊猛攻入蕭紀指揮大船，蕭紀一面逃跑，一面把大包黃金扔給樊猛，哀求說：「送我見一下蕭繹，當以此金相酬！」樊猛聽了直笑，回答：「你真是個糊塗蛋，殺了你，金子照樣是我的啊！」

樊猛果然生猛，上前一刀，蕭紀再也不能裝酷了。蕭繹聞聽八弟已死，大喜，把蕭紀從皇族中除名，改姓「饕餮氏」。同時，又下令把侄子蕭圓照、蕭圓正兄弟關在獄裏，不給吃喝，兩個年輕人餓了十三天才死，餓極時，自己咬自己胳膊上的肉吃。

聽聞蕭紀敗亡，梁朝成都守將投降西魏，蜀地又歸西魏所有。蕭繹決定以江陵爲首都，遷都途中遭遇強敵，蕭繹被捕，挨打換罵挨過數日，西元五五四年陰曆十二月辛未，魏人讓「梁王」蕭察殺掉蕭繹。這位梁元帝幾乎和哥哥簡文帝蕭綱一個死法，被侄子蕭察派人用大土袋子活活壓死，時年四十七，另兩個兒子也被殺。

蕭繹被殺後，引狼入室的蕭察雖然被西魏立爲「梁王」，但所轄範圍只有方圓三百里不到，而經營多年的根據地雍州（治所在襄陽），反而被西魏占取。西魏人命蕭察居江陵東城，而魏軍留守的兵將居西城，名爲助援，實則監守。手下將領尹德毅給他出主意，讓他反叛魏軍，但蕭察無恢宏遠略，當即拒絕。

梁武帝蕭衍一時糊塗，因一個「吉夢」而接納侯景，引狼入室，最終導致了蕭梁

家國的滅亡，大片國土也爲北齊、西魏所瓜分。西魏得到的實惠最多；「侯景之亂」中，西魏（北周）成爲最大的贏家，國土擴展迅速，其經濟和政治實力迅速上升，爲北周最後平滅北齊統一中國北方奠定了堅實的物質基礎。

福兮禍兮，相伏相倚。「侯景之亂」不經意間極大推進了南北一統的社會基礎和心理基礎，打破了先前「江南正朔」的神話，從前「正統」的淪爲「附庸」，從前「非正統」的一躍而爲「正統」，世道人心，已經逐漸喪失了昔日胡漢世仇的傳統心理，大亂世變，實際上在客觀上促進了日後隋、唐的「大一統」。

＊微歷史大事記＊

西元四九三年，爾朱榮出生於爾朱川（今山西北部朔縣北）。

西元五三〇年，爾朱榮被魏莊帝所殺，年僅三十八歲。

西元四九六年，高歡出生於世居懷朔鎮（今內蒙古自治區包頭東北；也作綏遠固陽）。

西元五三四年七月，高歡引軍南渡，打敗蕭梁王朝。十月，高歡改立年僅十一歲的元善見為帝，是為魏孝靜帝。史稱東魏。

西元五三五年，東魏鎮壓了並、汾地區的劉蠡升起義。

西元五四三年，東魏與西魏發生戰爭，邙山之役大敗西魏。

西元五四七年正月，高歡因病死去，終年五十二歲。北齊建立後，高歡被追謚為獻武帝，後改謚為神武帝。

第十三章

高調之家

我的帝國我揮霍

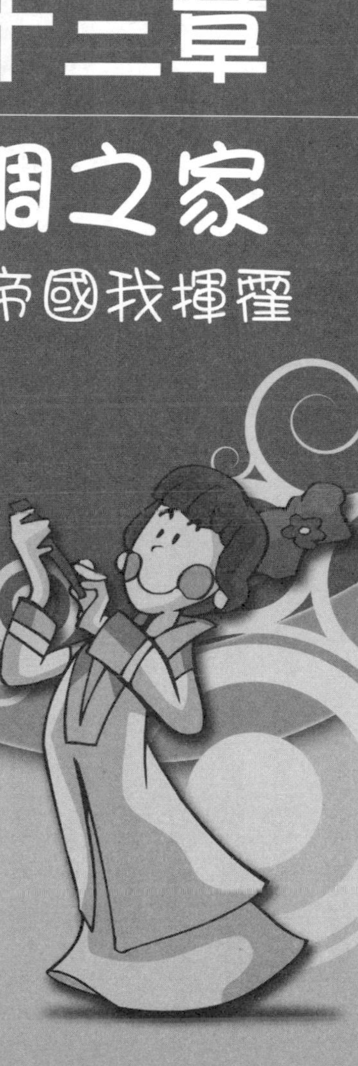

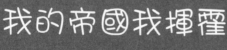

北齊帝王姓高，是鮮卑化的漢人出身。開國皇帝高歡少年時代家徒四壁，娶老婆後，才從女方一家的彩禮中得到一匹馬，始有資格在邊鎮軍隊中當個小隊長。高歡一生追隨過不少反叛暴虐的人物。後高歡背叛爾朱家族，立孝武帝。不久君臣互攻，魏帝西遁，是為西魏。高歡立孝靜帝，建立東魏。

高歡死後，他的大兒子高澄接任大丞相。除了高歡第六子高演以外，高家子弟一個壞過一個。高澄，字子惠，是高歡長子。這小夥子的長相，以今天的審美觀念來看可以說是「帥呆了」，長身玉立，臉龐清俊，一雙桃花眼滴溜亂轉，十二歲時，高歡就為他娶了東魏孝靜帝的妹妹馮翊長公主。

高澄二十四歲做了朝中大官，做起事來雷厲風行。高歡老友孫騰見大侄子高澄不拜，小白臉立即一沉，馬上叱喝左右把這位孫大叔牽出門外，用大刀把子迎頭一頓亂揍。司馬子如廣納人賄，高澄命屬下人把這位司馬大叔押入大牢，還來個假殺頭，嚇得這位爺一晚上頭髮全白了，真切知道了伍子胥過昭關是怎麼回事。

高歡生前，對東魏孝靜帝禮敬有加。但高澄年輕氣盛，對自己這位皇帝大舅子根本不放在眼裏，任親信崔季舒為中書侍郎於朝中，實際上是作為他監視孝靜帝的耳目。貴為皇帝，孝靜帝與高澄在鄴東打獵，騎馬跑快了些，監衛都督就從後面急呼：「天子您別跑太快，大將軍不高興！」

宴飲時，高澄沒大沒小，把滿滿一大觴老酒直捅到孝靜帝鼻子下，逼他喝。孝靜帝也急了：「自古無不亡之國，朕這樣活著也沒什麼意思！」高澄覺得這位皇帝竟敢不給自己面子，破口大罵：「朕！朕！狗屁朕！還敢在我面前充大！」言畢，站起身，讓崔季舒「毆帝三拳」。此舉，中國歷史上再也找不出第二樁來。

小夥子也不是草包。他任賢擇良，咸得其才，極富軍事才能。東魏孝靜帝武定七年（**梁武帝太清三年，五四九**）五月，高澄進封相國、齊王，「贊拜不名，入朝不趨，劍履上殿」。本來，這正是高澄篡位的前期準備，下一步就要「受禪」。不料，天意弄人，小夥子這年九月就被殺身死。

高澄是死於一個名叫蘭京的廚子之手。蘭京是梁朝大將蘭欽之子，先前雙方交戰時被俘入東魏，分配到高澄府中作廚奴。蘭欽多次派人攜重金要贖回兒子，高澄皆「不許」。蘭京懷恨，趁機當胸幾刀，把這位「美姿容，善言笑」美得冒泡的高家王爺捅死在當地，時年二十九歲。

高洋是高歡第二子，比高澄小八歲。聽到高澄被害的消息，年僅二十一歲的高洋神色不變，指揮若定，親自圍捕蘭京等人。然後襲其兄位，爲相國、齊王。高澄一死，東魏孝靜帝還暗自高興，對左右說：「此乃天意，威權當重歸於我。」沒多久，高洋就在高德政、徐之才、宋景業等人攛掇下自晉陽向鄴城出發，準備篡位。

北朝人喜以鑄像占卜吉凶，高洋也趕了一回時髦。高洋自鑄銅像成功，便欣然率軍馬直奔鄴城，登上皇帝之位。由此，東魏滅亡，齊國建立，史稱北齊，其時爲西元五五〇年五月，改元天保。高洋追尊其父高歡爲神武皇帝，其兄高澄爲文襄皇帝，尊其母婁氏爲皇太后。東魏孝靜帝被廢爲中山王，一年多後就被毒死。

高洋也是個有能爲的皇帝。建國初期，高洋勵精圖治。高麗、蠕蠕、庫莫奚、南朝蕭繹都相繼遣使朝貢。「終踐大位，留心政務，理刑處繁，終日不倦。以法政下，公道爲先」。並多次親率大軍征討外侮，遠近山胡種落莫不懾服，又發一百八十萬役夫築長城，從此，高洋「既征伐四克，威振戎夏」。

也許是功成身就，高洋開始居功自傲，肆行淫暴。開始，高洋只是瘋瘋癲癲地找樂子，天天跳舞唱歌，高飲狂歡，夜以繼日；不久，這位皇上又有「發展」，有時赤身裸體，有時塗脂抹粉，有時散髮胡服，有時穿得像個小丑，手中提拎大砍刀，常常醉醺醺在街市坊間遊走。這樣的國君，不要也罷。

高洋還不停出入勳貴大臣之家，看見漂亮女人，不分貴賤高低，不分已婚未婚，立時霸王硬上弓；再往後，高洋又愛裸騎著梅花鹿、白象、駱駝、牛、驢等動物出玩，邊遊走邊唱歌。無論隆冬炎暑，星夜白晝，高洋雨雪不避，又愛光著屁股在街上跑步，「從者不堪，帝（高洋）居之自若」。

高洋幾乎每日沉醉。別人大醉時昏睡，高洋一醉就殺人。大醉之時，高洋六親不認。一次，親媽婁太后在北宮中的小榻上正坐著，高洋晃過去，伸手連榻帶人舉過頭頂，把老太太摔個半死。他還乘醉闖上岳母家門，一箭把老岳母腮幫子穿個正透，嘴裏罵罵咧咧：「老母狗，我醉時連太后都不認識，甭說是你！」

高洋對高歡貴臣、已病逝的僕射崔暹妻子問：「你想崔暹嗎？」崔暹妻子李氏回答想。高洋獰笑，說：「可以自己去陰間看他。」掏出刀來，一刀就把李氏腦袋剁下；高洋去同父異母的五弟高湝家，見到高湝生母爾朱氏，大罵：「還記得你得寵時，不待見我母親的事情嗎？」言畢，當頭一刀把這位皇太妃劈成兩半。

高洋酒醉時，常登上皇宮中的屋背疾走如飛。「三台構木高二十七丈，兩持相距二百餘尺」。平時工匠上房，都身繫安全繩一步一步慢挪前移。高洋卻不一樣，只要興起，常趁酒勁在殿尖快跑，從未失過腳。看來這廝說不定還是輕功第一傳人呢！這等高手，羨煞人也。可惜！可惜！

高洋有一個非常寵愛的薛貴嬪，是他從堂叔高岳那裡弄來的美人。一日，眼見薛貴嬪巧笑倩兮於床上梳頭，高洋忽然發怒：此妞從前竟然被高岳用過！這位皇帝站起身就把沒緩過神的薛美人腦袋砍了下來，隨手揣在自己懷裏。接著，他到東山大宴群臣，大家剛剛舉杯，高洋忽然從懷中取出美人頭，投在食案上。

大臣們還在屏息驚駭，高洋又喚人把薛美人無頭屍首送過來，親自動手肢解，去肉剔骨，割筋除髒，剩下美人大腿作了個肉琵琶，安上柱弦自彈自唱。高洋連飲數杯後，彈唱幾曲，忽然又潸然淚下，嘆息道：「佳人難再得，可惜！可惜！」命人把美人「零件」裝棺，他自己散髮步行，大哭送葬。

高洋殺人上癮，大臣楊愔只得從監獄裡拉出大批死刑犯人，跟在高洋後面，每日供應數十上百，號爲「供御囚」，專用以預備高洋「手自刃殺」。漸漸地，高洋把殺人當遊戲，每天都得親手殺掉幾個人練練手。

天保十年，酒精深度中毒的高洋已經是多日不能進食，天天以酒爲食。一天，他忽然問高氏女婿、東魏宗室彭城王元韶：「漢光武劉秀何故中興？」元韶老老實實回答：「因爲王莽沒有把姓劉的殺絕。」高洋獰笑點頭，立刻下令誅殺東魏皇室元世哲等近宗二十五家。元韶也被關入地牢，最後餓得啃衣袖，活活噎死。

天保十年十一月，惡貫滿盈的高洋也因酗酒過度駕崩，時年三十一，謚文宣皇帝，廟號威宗。武平時（高湛），改廟號爲顯祖。不久，大臣楊愔、燕子獻等人懼怕其叔父常山王高演奪位，欲下令派諸位叔王出京。高演等人在婁太后支持下殺掉楊愔等漢臣，並廢高殷爲濟南王，自己登上了帝位，是爲北齊孝昭帝。

高演，字延安，高歡第六子，也是高洋同母弟。高演盡廢高洋弊政，加之他少居大位，明習吏事，勤勤懇懇，不酗酒，不好色，實是高齊最好的一位君王。此外，高演又屬極孝之人，婁太后患心痛病，他數十天衣不解帶，成日成夜侍奉於前，親自煎藥嘗藥，極盡人子孝心。同時，高演又「雄謀有斷」。

高演生平最大的一件錯事，就是殺了侄子高殷。爲此，高演事後頗爲「愧悔」。做此虧心事後，高演常常精神恍惚，在晉陽宮常「見」到兄皇高洋帶著楊愔等人忽來忽去，鬼魂們恨恨揚言要復仇。成日被這些幻覺折磨，高演身體越來越差，「遂漸危篤」。看來，做了虧心事，真有半夜鬼敲門。

高演臨終，幻覺不斷，一直是在床上整衣跪伏，叩頭求哀，估計是向他想像中的高洋等人的鬼魂求饒。西元五六一年底，高演病死，時年二十七。臨死前，他派人召其同母弟長廣王高湛來當首席執行官，並親手寫下數字：「宜將吾妻子置一好處，勿學前人也」。意思是囑託弟弟別學自己殺侄。

高湛，高歡第九子，也是婁太后所生，是個美男子也是個壞蛋坯子。其兄高演病重時，他就和族侄高元海以及族叔祖平秦王高歸彥等人密議，準備發兵篡位，正好有一巫師占卜，說「不利舉事，靜則吉」，高湛才未動手。很快，高演病死，遺詔高湛繼統爲帝，是爲北齊武成帝，改元太寧。

高湛也不是個東西。初繼位，以高演原太子高百年爲樂陵郡王，以胡妃爲皇后，以兒子高緯爲皇太子。太寧二年（五六二），高湛又改元河清。年底，高湛闖進二哥高洋寡妻李氏所居的昭信宮，一見面就自己脫光衣服，要姦淫嫂子。李氏無奈，只得依從。一來二去，搞大了二嫂的肚子。

李氏之子太原王高紹德剛十五歲，拜見母親，李氏不見，高紹德在閣外高聲喊：「母后您懷孕了，我知道這事，你爲這個才不見我吧！」李氏羞愧得竟然當時流產。高湛聞訊趕來，見死嬰是個女孩，大怒道：「你殺我女兒，我就殺你兒子！」派衛士當著李氏的面，用刀柄猛擊這位親侄後腦，把高紹德活活敲死。

高湛二十七歲時，有彗星出現，太史官奏稱是「除舊佈新之象，當有易主」，即該有新皇帝出現。爲了「應天象」，高湛就傳位給自己的太子高緯，自稱「太上皇」。至此，北齊又改元天統。西元五六八年（北齊天統四年年底），壞事做盡，三十二歲酒色過度的高湛蹬了腿。高緯於西元五六九年改元，年號武平。

高緯曾是個很有上進心愛讀書的少年人。當兒皇帝時很老實，大概壞事都讓老爸幹了，當時又是兒童，沒有能力幹壞事。他爸爸高湛暴死時，高緯已當了五年皇帝，此後，他又作了七年皇帝。年頭雖不長，卻幹盡了荒唐的壞事，真相徹底暴露。成爲後世惡君昏帝的「楷模」。

高儼是武成帝高湛第二個兒子，很受高湛寵愛，常代替他爹在含光殿辦公，一個十二三歲的少年人老成大度，王公大臣都跪拜畏懼。高儼也很討厭和士開，見和士開盛修第宅，諷刺他說：「你們等不到大宅子修好，自己可能就完了。」疑懼之下，和士開在後主高緯前進讒言，要小皇帝解除高儼的兵權。

高儼聽說消息後，先發制人，假稱高緯旨意，把和士開騙到御史台砍了頭。然後其手下徒眾擁逼他去殺後主高緯。高緯此時忽長精神，親自用弓箭射殺高儼的徒黨，肢解暴屍，高儼敗。幾個月後，高緯趁胡太后睡覺，把高儼騙出太后宮殿，砍了頭，時年十四歲。高儼的四個遺腹子也都「生數月而幽死」。

皇帝位子坐穩，轉年七月，高緯就誅殺了大臣斛律光。斛律光位極人臣，平生為高家打過無數惡仗，又幫助高緯坐穩帝座，但不貪權勢，不懂交結高緯的寵臣穆提婆和祖珽。兩個人於是同上讒言，說斛律光有謀反之心，勸高緯殺了他。北周武帝聽說斛律光死了，齊國自毀長城，高興得全國大赦。

高緯小皇帝有識人之智。高儼舉兵時左右誤告他說是大臣謀反，他說：「這肯定是仁威（高儼字）啊」。殺了斛律光以後，眾人推薦高思好做大將軍，高緯獨論：「思好這人本性喜歡反叛。」這兩件事應驗後，高緯自認為策無遺算，更加驕縱放蕩。他自己創作《無愁》之曲，親弄琵琶歌唱，民間稱其為「無愁天子」。

「無愁天子」很有當今「行為藝術家」的風範。他在宮內華林園做一個「貧窮」

村舍，自己披頭散髮，穿叫花子衣服裝做乞丐求食；又仿造窮人市場，自己一會裝賣主一會裝買主，忙乎不停；還仿建一些城池，讓衛士身穿黑衣模仿羌兵攻城，他用真正的弓箭在城上射殺「來犯」的「敵人」。

高家諸位爺爺們幾乎個個好色，肆行姦倫。但高緯不像爺爺、叔叔那些長輩們閨門污穢，高緯的叔父文襄帝高澄十四歲就和高歡妃鄭大車私通，高歡另一個老婆柔然公主也被高澄搞上，還生下一個孩子。高緯另外一個叔父文宣帝高洋更過分，他強姦了高澄的妻子元氏，說：「從前我哥哥姦污我老婆，現在我要回報嘍。」

與周朝作戰，因荒淫，屢戰屢敗。宮內占卜官說天文有變，當有改朝換代的跡象。高緯就學自己父親，禪位給太子，自己做太上皇。後兵敗被周軍俘虜。半年以後，為斬草除根，周朝人誣稱高緯謀反，宗族百口包括三十多個直系王爺皆賜死，只任高緯兩個患白癡病和有殘疾的弟弟高仁英、高仁雅自生自滅。

周朝皇帝把高緯寵妾馮小憐賜給王室貴族代王宇文達。這位代王宇文達是周文帝的兒子，是個「性果決，善騎射」的王爺，絕對是個處事周慎的宗室老王，嚴守孔孟之道的正人君子。不料，坐懷不亂，久經考驗大半輩子的宇文達對絕色小憐見而奇寵，原來的代王妃李氏被小憐擠兌得差點活不下去。

幾年後，隋文帝楊堅篡了周靜帝的位，大殺宇文氏，砍殺宇文達之後，把馮小憐

賜給宇文達正妃李氏的哥哥李詢。李詢先讓小憐穿著破布衣褲舂米，不久李詢的媽媽逼令小憐自殺。一代豔花，香消王殞，終於和高緯地下團圓，如真能魂歸一處，也不枉荒唐君王對她的萬千寵憐！

光陰似箭，日月如梭。北朝到了北周武帝宇文邕時代，此人神武過人，沉毅有智，莫測高深。這位勇武皇帝還崇尚節儉，勞謙接下，自強不息，打仗多次差點以帝王之尊身陷死陣。然而，天妒英才，不假予年，宇文邕北伐路上忽遇暴疾，死在兵車之上，終年才三十六歲。臨死前讓太子宇文贇幹皇帝。

都說虎父無犬子，可也說，富勇不過三代。遍觀歷代王朝，爹是蓋世英雄，兒是無賴鼠輩，似乎已經成了屢見不鮮的現象。恰恰是這位不到二十歲的兒子，史書上所稱的「周天元」周宣帝，襲位兩年多時間，把武帝辛辛苦苦打下來的大好河山折騰得煙霧四罩，民不聊生，言所難言！

周武帝活著的時候，對幾個兒子約束很嚴，尤其是對太子宇文贇，偶有小過，動不動就大棍子狂揍一頓，嚇得這位好酒好色的太子爺竭力壓抑自己的癖好，真怕老爹一怒之下廢了他，另立別的兄弟爲皇儲。可當周武帝的巨大棺材還擺放於宮中，未及入斂時，宇文贇就大聲對著武帝的棺材叫罵：「死得太晚了！」

親爹剛死，這位新皇帝馬上把武帝的嬪妃宮女叫到面前，排隊閱視，模樣俊俏的都一一納爲自己的後宮。封建時代，倫常嚴謹，即使周武帝的嬪妃比宇文贇還要年輕，輩分上講仍是母輩、太妃級的人物，這位新皇帝全然不顧這些帝王禮儀，摊著那些年輕的後媽們共入花闈，春風遍度。

宇文贇帝座剛剛坐穩，馬上就誅殺了他的叔父、功高德茂的齊王宇文憲。宇文贇年輕小夥子不懂事，按書本治國，不知變通，不諳時事，剛繼位時，又認爲周武帝的《刑書要制》裏刑罰太殘酷，便下旨廢除。見到國家量刑減輕，周圍人也紛紛「以身試法」，社會一片混亂。

繼位不到一年，爲了過一過當「太上皇」的癮，才二十一歲的宇文贇傳位給七歲的兒子宇文衍，自稱「天元皇帝」，對舊禮古儀隨意變更，對臣下講話時也不稱「朕」，自稱「天」，妄自尊大，他自己還戴個高高的「通天冠」，加上金蟬似的飾物，斜佩誇張的大授帶，可以說是古代帝王中喜歡奇裝異服的佼佼者了。

周天元宇文贇還愛捶打臣下，而且打人也很有「個性」，「定量」一百二十杖，稱爲「天杖」，後來又翻倍，加至二百四，即使被寵幸的皇后、妃、嬪等眾多美女也不能倖免，且喜怒無常，想打誰就打誰。這最少一百多杖，別說大臣們都上了年紀，就是再年輕，屁股上的肉再厚，那也不經打啊！

小皇帝宇文贇荒唐無度，精工製作了一尊大佛像、一尊天尊像，他自己坐在兩像的中間，讓長安的士民縱觀，確實有「天王巨星」的風采。他還以折磨人爲樂，估計是遊戲過度，縱酒荒淫，加上寒熱不適，宇文贇回宮後不久就重病不起，幾天後撒手西歸，亡年二十二歲。天理昭彰，果報不爽。

宇文贇登天後，年僅八歲的皇長子宇文衍「被」掌櫃。天元皇帝寵臣鄭譯矯詔以楊堅入朝輔政。此時的天元皇后楊氏也高興自己的父親掌握權柄，以免他姓權臣或皇族中野心大的人篡位。不料，這位楊堅奪起外孫的位來毫不手軟，不到兩年，就遍誅宇文皇族，荒唐皇帝宇文贇的兒子宇文衍禪位後即被殺，時年不到九歲。

當然，天理昭昭，果報不爽。隋文帝自誇爲「真兄弟」的五個兒子，長子楊勇、次子煬帝、次秦王楊俊、次越王楊秀、次漢王楊諒均不得好死。而這五子的兒子數十人，也均被誅殺，楊氏子孫也無遺種。最巧的是，滅了隋朝弒了煬帝的人又恰恰姓宇文，冥冥之中，令人慨嘆，佛道報應之說似爲真切之語。

南朝陳氏中的陳後主是個家喻戶曉的人物，至於開國皇帝陳霸先，估計好多人只是隱隱約約知曉這個符號式的名字而已。陳朝號稱有五帝，祚命卻只有三十二年。這是一個短命的王朝。陳霸先，字興國，籍貫潁川，相貌堂堂，「身長七尺五寸，日角龍顏，垂手過膝」，是個當地土豪的好樣板，是個好「人種」。

年輕時，陳霸先靠銀兩、走關係，進入建康城，謀得一個很有油水的差使——梁朝的「油庫吏」。梁朝宗室新喻侯蕭映當吳興太守時，陳霸先又送禮走關係，成爲這位高幹子弟的僚佐。從此，他才算正式開始了他發達的運程。他也開始像柯南那樣，有一種走到哪就讓別人死到哪的霸氣。

梁武帝大同年間，蕭映獲任爲廣州刺史，上任時自然帶著這位使喚起來得心應手的陳霸先，並把他從原先「傳教」一類的保安散職，提升爲「中直兵參軍」，由於在嶺南鎮壓當地民亂有功，陳霸先不久就獲升爲西江都護、高要郡守。

西元五五七年三月，陳霸先原先在嶺南的老上司、蕭梁宗室蕭勃起兵，周文育率軍征討。折騰也就一個月，蕭勃就被屬下殺掉，廣州被攻克，「嶺南悉平」。六月，梁元帝舊將王琳在長沙起兵，揚言要出兵討伐陳霸先。陳霸先便遣親信侯安都和周文育會軍武昌，合軍進擊王琳。

西元五五七年九月，梁廷「進丞相（陳）霸先位太傅，加黃鉞、殊禮，贊拜不名」。十來天過後，「進丞相爲相國，封陳公，備九錫，陳國置百司」。又過一二十天，「進陳公爵爲王」。剛過三天，「陳王」就讓梁敬帝「禪位」於已。梁朝至此已正式滅亡，共四主，五十六年。

遍觀歷史，都沒這麼性急的。曹操、司馬懿祖孫三代、桓溫、劉裕、蕭道成、蕭衍等諸人，成與不成，都慢慢熬著，雖然篡國的進程後來居上，一個快過一個，但誰

也沒有陳老頭這麼老不要臉的快，稱王三天就當皇帝，簡直是聞所未聞。對此，史官竟下筆說陳霸先「謙讓再三」，幾乎就把滑稽當莊嚴了。

陳霸先當上皇帝，上演的第一齣大戲竟然是大搞「迷信」活動——先去鍾山祭拜蔣帝廟，然後又自稱找到遺失的佛牙舍利，富貴榮華以及帝位到手的太容易，老頭子很想找精神寄託。又過了數日，陳霸先竟然也學梁武帝，親自到大莊岩寺「捨身」，群臣「湊錢」，才把這位雄武老皇帝請回皇宮。

西元五五八年（陳武帝武定二年）春，王琳奉梁武帝年方七歲的孫子蕭莊爲帝，率十萬大軍在白水浦屯結，準備大舉進伐陳霸先。不料，轉年八月，爲帝三年的陳霸先重病不治，卒於建康，終年五十七歲。陳武帝死後，其親生兒子陳昌由於被西魏軍俘掠而去，侯安都等人立推陳霸先侄子陳蒨爲主，是爲陳文帝。

陳文帝還算給力，面對梁末大破壞之後造成的「編戶凋亡，萬不遺一，中原氓庶，蓋雲無幾」和「府藏虛竭，杼軸歲空」的衰竭局面，採取了一些緩和社會矛盾和務急農桑的發展生產的措施，同時還大力革除梁朝奢靡之風，天嘉七年（五六六）二月，文帝死，子伯宗繼位，政事大小皆決於安成王陳頊。

陳文帝陳蒨是陳朝的第二任皇帝。陳霸先當皇帝時，屢向西魏乞要兒子陳昌，魏人扣住不放；陳霸先一死，陳蒨繼位，西魏居心不良，反而馬上放陳昌歸建康。侯安都自告奮勇，帶兵去「迎接」陳昌。過江時，侯安都把陳昌扔入江中淹死，然後鑿漏了陳昌座船，遍殺陳昌從人以滅口。上表稱陳昌渡江時船壞被淹死。

侯安都由於功勳卓著，又「有恩」於陳文帝，慢慢「膨脹」起來，想玩曹操大丞相的陳朝版。其實，侯安都也就是恃功驕傲，以老賣老，沒有任何不忠之心或篡位的企圖。對於老陳家，尤其是陳文帝一直忠勇不二，中書舍人蔡景曆揣知上意，便密奏侯安都要謀反。陳文帝「賜死」侯安都，時年四十四。

陳文帝幹了七年，不到兩屆，於天康元年（五六六）四月崩殂，謚曰文皇帝，廟號世祖。陳文帝死後，其太子陳伯宗繼位，是爲陳廢帝，改元光大，時年十五歲。安成王陳頊被加封，執掌兵權。陳文帝彌留之際，曾當著大臣的面對陳頊表示要傳位於這位親弟，想必是試探，陳頊也不傻，「拜伏泣涕固辭」。

西元五六八年底，陳頊以太皇太后的名義下詔，誣稱少帝陳伯宗與劉師知等人通謀。同時，又廢少帝母弟陳伯茂爲溫麻侯，並在就鎮的路上派人幹掉了這個年僅十七歲的侄子。過了一年多，陳頊又派人殺掉被廢的少帝，時年十九。陳頊繼位，是爲陳宣帝。立王妃柳氏爲皇后，世子陳叔寶爲皇太子。

北周方面，趁著北齊、陳朝互相牽制之餘，周武帝一舉擊滅了北齊，統一了北方。中原統一，陳宣帝卻忽然來了精神，想與北周爭奪徐、兗之地，並於太建九年（五七七）下令大舉北伐。由於指揮失誤，退路又被周軍堵截，陳軍在清口之戰中大敗，只有數千人逃回。

陳宣帝在位十三年，於太建十四年一月去世，時年五十三。

陳宣帝喜登西方極樂世界，其太子陳叔寶繼位，這就是中國歷史上大名鼎鼎的陳後主。陳後主名叔寶，字之秀，小名黃奴，是陳宣帝嫡長子。陳後主生來就是個多情種子、天才詩人。大詩人繼位時，年已三十，絕對是「長君」。陳宣帝剛剛蹬腿咽氣，陳叔寶淚眼未乾，就差點被同父異母的兄弟陳叔陵一刀砍死。

陳叔陵無論是在外任還是在東府，都愛在白天睡覺，夜間玩樂，他平生最大的愛好之一，就是喜做盜墓賊。這位王爺還愛撫玩已死名人的「骸骨肘脛」，賞觀把玩，並帶回家藏於庫中。甚至還搗毀鼎鼎大名的東晉太傅謝安的墓地，任憑骸骨散落四處。

陳叔陵還總玩虛的。爲其母親居喪之日，他假裝哀毀過度，呈獻朝廷一部《涅槃經》，自稱是刺自己身上的鮮血寫成的，其實是讓手下人用狗血寫出的。如果用王八血，就更恰如其分了。在喪禮上，陳叔陵一臉哀痛，回到內室他就大吃大喝，嘻笑歡歌，典型是個雙面人、僞君子。

當然陳叔陵此人，並非是青春期叛逆，用大藥刀砍他哥哥陳叔寶時，他已經二十九歲了，又非精神病，在外鎮和東府，管理屬下還非常有手腕。與太子哥哥沒有深仇大恨，兩個人小時候還一起被西魏人拘押同爲人質——這麼一個成年人，竟然父皇剛死，就膽大包天要當眾謀殺他的太子哥哥，真不知是出於什麼想法。

陳叔陵用藥刀砍殺太子不成，又釋囚造反不成，和新安王陳伯固一起逃跑，被蕭摩訶手下的軍士挺槍挑於馬下。本來跟隨陳叔陵的小太監王飛禽心眼快，抽刀就剁。另一個名叫陳仲華的騎兵隊長縱馬近前，一刀斬下陳叔陵首級，馳送宮城。新安王陳伯固也不用細表，當場被亂兵白刃齊下，砍成數段。

陳叔陵死，長沙王陳叔堅功勞最大，由於當時陳後主脖子上的傷很重，不能視事，朝政大事全由陳叔堅一個人說了算，「於是勢傾朝廷」，感覺一上來，長沙王也就不知道自己是老幾了。長沙王陳叔堅「因肆驕縱，事多不法，後主由是疏而忌之」。

陳叔堅不知道是不是現代穿越過去的。他讓匠人製作木偶機器人，內設精密機關，白天黑夜連軸轉，以詛咒陳後主早死。顯然，陳朝時期，中國的科技已經非常進步了，不用電不用發條，機器人就能像真人一樣靈活自如，還能「永動」，可惜沒有用於生產生活軍事方面，把好心思都浪費在這些亂七八糟的左道巫術方面了。

沒有不透風的牆。陳後主聽說了長沙王詛咒之事，大怒，派人把陳叔堅囚於宮內反省，準備賜死。這位王爺也有心計，服罪之餘，故意提起功勞。陳後主感念這位四弟的前功，赦免其罪，以王爺身分免官還家。陳叔堅也很乖，此後再不敢鬧事，好好當孫子，洗心革面，奉公守法。

陳朝亡後，陳叔堅以亡國之主身分入關，遷於瓜州，更名陳叔賢。當了大半輩子的尊貴王爺，「不知家人生產」，現在變成平民了，這位王爺與髮妻沈氏開個酒館，當壚酤酒，「以傭保爲事」。隋煬帝大業年間，這位王爺還當過遂寧郡太守，善終於家。

陳後主的確是好了傷疤忘了疼的典型。脖子傷一好，就開始搞創作了。當時他爸陳宣帝死了還不到一年，依據禮制，做兒子的不能奏樂飲酒。陳後主雖昏，但秉性不毒。雖如此，他一繼位就開始玩樂，大臣勸諫又起心思殺人，亡國之君的面貌已經隱約顯現出來。

西元五八三年底，陳叔寶遣使去隋朝，聽說楊堅「狀貌異人」，就派善於繪畫的袁彥一起去，回來畫隋帝「寫真」給自己看。當看到楊堅沉毅魁奇的姿容，陳叔寶「大駭」，掩面說：「我不欲見此人」，忙讓人把畫像拿走。可笑的是，陳後主日後不得不數次「見此人」，而且是以亡國之君的身分「參拜」此人。

西元五八五年，後梁國主蕭巋病死，其子蕭琮繼位。蕭琮叔父蕭岩等人害怕隋軍吞併自己剩餘的軍隊，就向陳朝投降，率後梁文武百姓叛隋附陳。西元五八八年四月，隋文帝下伐陳詔，大舉伐陳。蕭摩訶恨陳後主與自己老婆通姦，故而一直率部下「觀戰」，沒有出力。唉！沒奈何啊！

隋兵四面八方衝入皇宮，陳後主又驚又怕，於是便想投井自盡，卻被俘。陳後主被俘後，隋軍又持陳後主親筆詔諭，到陳朝各地招降，只有陳宣帝第十六子岳陽王陳叔慎在湘州起兵抵拒，苦戰數日，被隋軍俘殺，小夥子時年十八。可見，陳家子弟當中，有血性的人還真不多，只有陳叔慎這一個例外。

隋文帝仁壽四年（六〇四）年底，陳叔寶因疾善終，時年五十二，竟比隋文帝楊堅還多活了大半年。可笑卻又讓後人深感意味深長的是，陳叔寶死後，被剛剛繼位的隋煬帝追贈為大將軍、長城縣公，諡曰煬。誰料十來年後，隋煬帝死後自己也被諡為「煬」，這真是中國歷史上的一個戲劇性事件。

＊微歷史大事記＊

東魏孝靜帝武定七年（梁武帝太清三年，五四九）五月，高澄進封相國、齊王，同年被殺。

西元五五〇年（庚午年五月戊午日），高洋取代東魏建立齊，建元天保，建都鄴。

天保十年十一月（二六〇），惡貫滿盈的高洋因酗酒過度駕崩，高演即位。

西元五六一年底，高演病死。高湛繼統為帝，是為北齊武成帝，改元太寧。

西元五六八年（北齊天統四年底），高湛蹬了腿兒。高緯於西元二六九年改元，年號武平。

西元五七七年，北齊被北周消滅。

西元五五七年九月，梁滅亡。
西元五八八年，陳滅亡。

魏晉其實很撩人

作者：丁振宇
出版者：風雲時代出版股份有限公司
出版所：風雲時代出版股份有限公司
地址：105台北市民生東路五段178號7樓之3
風雲書網：http://www.eastbooks.com.tw
官方部落格：http://eastbooks.pixnet.net/blog
Facebook：http://www.facebook.com/h7560949
信箱：h7560949@ms15.hinet.net
郵撥帳號：12043291
服務專線：(02)27560949
傳真專線：(02)27653799
執行主編：朱墨菲
美術編輯：許芷姍
法律顧問：永然法律事務所 李永然律師
北辰著作權事務所 蕭雄淋律師
版權授權：南京快樂文化傳播有限公司

初版日期：2013年6月
ISBN：978-986-146-978-2

總 經 銷：富育國際股份有限公司
地　　址：台北縣新店市中正路四維巷二弄2號4樓
電　　話：(02)2219-2068

行政院新聞局局版台業字第3595號 營利事業統一編號22759935

國 家 圖 書 館 出 版 品 預 行 編 目 資 料

魏晉其實很撩人 ／ 丁振宇著.-- 初版.
臺北市：風雲時代，2013.06 -- 面；公分

ISBN 978-986-146-978-2（平裝）

1. 魏晉南北朝史　2. 通俗史話

623　　　　102006276

原價：280元
限量特惠價：199元